Dr. Gesine Heddrich

Texte erschließen – Texte verstehen

Weder die Wörter eines Dichters
noch die Dinge eines Erfinders
haben an sich besonders bemerkenswerte Eigenschaften.
Es sind ganz normale Wörter und Dinge.
Neu ist an ihnen nur die Art und Weise,
wie sie nebeneinander gestellt werden.

David Pye, Schriftsteller

Ergänzung der Autorin

Nicht immer ist es nahe liegend,
das Nebeneinander der Texte, Sätze, Wörter und Methoden
immer neu und originell zu gestalten.
Und doch hoffe ich,
dass manche Ansätze und Vorschläge
neue Ideen bergen
und ebenso neue beim Leser hervorbringen.

Dank an
Gudrun Alles
Dagmar Belge
Reingard Glass
Reinhard Hoffmann
PD Dr. Ute Kauer
Carola Lay
Wolfgang Stark
Günter Krapp
Günther Gutknecht
Alexander Nopper
Erhard Roos für die Bändigung meines Computers
und den Schülern und Schülerinnen meiner Klassen 2004/2005.

Inhaltsverzeichnis

ANSTELLE EINES VORWORTES

Das vorliegende Heft ist der zweite Band zu dem Thema „Texte erschließen" und ist für die Klassen 8–12 vorgesehen. Die Reihenfolge der Texte richtet sich nach dem zunehmenden Schwierigkeitsgrad. Die methodischen Ansätze, die hier umgesetzt wurden, sind auf viele weitere Geschichten, Sachtexte und Grafiken wie Organigramme zu übertragen. Bewusst wurde auf eine konkrete Einteilung in Klassen verzichtet, da viele der Texte in Klasse 7 und 8 oder in Klasse 9, 10 oder 11 eingesetzt werden können – je nach thematischer Ausrichtung der Unterrichtseinheit, des Projektes oder der rein methodischen Übungsphase, sind die vorliegenden Arbeitsblätter beliebig zu ergänzen, denn die besten Methoden nutzen nichts, wenn ein guter Text fehlt.
Die folgenden Arbeitstechniken bieten einen Überblick, der für den Leser hoffentlich ideenzeugend und inspirierend ist.

DIE AUTORIN

Texte bearbeiten

6-Schritt-Lesemethode	
Schlüsselwortverfahren:	Schlüsselwörter aufspüren und markieren
Treppchenmethode:	Rangliste wichtiger inhaltlicher Punkte erstellen
Abschnittverfahren:	Gelenkstellen erkennen – Paragraphen einteilen – Titel bzw. Überschriften suchen
Konspektverfahren:	Randbemerkungen und Anmerkungen festhalten
Fragenraster:	Fragen zum Text formulieren – inhaltsunabhängige Fragen formulieren
Texte verkürzen:	resümieren, paraphrasieren, exzerpieren
Texte rekonstruieren:	Textteile sortieren
Texte vergleichen und werten	
Grafiken und Bilder erschließen:	verbalisieren bzw. vertexten

Texte umsetzen

Texte visualisieren:	Schaubild, Organigramm, Diagramm, Tabelle, Schemata, ...
szenisches Gestalten:	Puppenspiel, Pantomime, Rollenspiel, Stehgreifspiel, Scharade, Tableau
akustisches Gestalten:	Vortrag, Hörspiel, musikalische Untermalung
visuelle Gestaltung:	Comic, Bild, Plakat, Wandzeitung, Plastik, Film
Perspektivenwechsel vornehmen	
Figur oder Handlungsstrang einfügen	
Paralleltext verfassen	
in andere Textsorte umsetzen	
gestaltendes Interpretieren:	Steckbrief, Brief, SMS, E-Mail, Tagebucheintrag, Annonce, Artikel verfassen
Dialog schreiben	
inneren Monolog schreiben	
erlebte Rede schreiben	
stream-of-consciousness formulieren	

Texte ergänzen

Texte antizipieren	
Texte fortführen, weitererzählen	
Durchstreichverfahren:	Wörter auswählen bzw. einpassen
Leerstellenverfahren:	Leerstellen ausfüllen (Cloze-Texte, Lückentexte) Sätze fortführen, beenden Dialoge, innere Monologe an Schlüsselstellen einfügen

Wenn du Texte bearbeiten bzw. erschließen möchtest, muss dir klar sein, woraus die Texte bestehen. Laute bilden Silben und die werden zu Wörtern zusammengesetzt und Wörter wiederum bilden Sätze, die Sinn machen sollten. Um den Sinn in den folgenden Texten herauszufinden, musst du sie erst einmal in die richtige Form bringen.
Also mache dich ans Werk, Übung macht den Meister!

1. *Schreibe den Text so ab, dass er in verständlichem Deutsch zu lesen ist. Setze alle Satzzeichen und beachte insbesondere die Groß- und Kleinschreibung.*

DIESPRACHE
DERMENSCHSPRICHTWIRSPRECHENIMWACHENUNDIMTRAUMWIRSPRECHENSTETSAUC
HDANNWENNWIRKEINWORTVERLAUTENLASSENSONDERNNURZUHÖRENODERLESENS
OGARDANNWENNWIRWEDEREIGENSZUHÖRENNOCHLESENSTATTDESSENEINERARBEIT
NACHGEHENODERINMUẞEAUFGEHEN(...)
WIRSPRECHENSTÄNDIGINIRGENDEINERWEISEWIRSPRECHENWEILSPRECHENUNSNATÜR
LICHISTESENTSPRINGTNICHTERSTAUSEINEMBESONDERENWOLLENMANSAGTDERMENS
CHHABEDIESPRACHEVONNATURDIELEHREGILTDERMENSCHSEIIMUNTERSCHIEDZUPFL
ANZEUNDTIERDASSPRACHFÄHIGELEBEWESEN (...)
DERSATZWILLSAGENERSTDIESPRACHEBEFÄHIGEDENMENSCHENDASJENIGELEBEWESEN
ZUSEINDASERALSMENSCHISTALSDERSPRECHENDEISTDERMENSCH MENSCH

2. *Lies den folgenden Text in normaler Geschwindigkeit laut vor. Schreibe ihn anschließend in dein Heft.*

Ich hbae es egeintlch gielch kiparet, was heir aghebt. Coloe Txete, ntete Ügebunn und irwigende mahct das sagor Sapß. Bin wilirkch gaspennt, was da ncoh so alels auf enein zomkumt?! Etaws heba ich varsentden: Txete erlieschßen ist ehct witichg, dimat wir nihct kinftüg dovar seztin und nix schellnan. Pasi sizt uns im Nekcan. Da messün wir ran nud ritichg ateibren, so dsas wir ziegen kennön, was in uns setkct. Was in deisen Abeirtslärttebn gopewert wrid, ist sepur! Coloe Secha, wredet ihr sochn sheen. Veil Sapß!
Batenworte fegolnde Farge:
Waurof msus ich atchen, wnen ich eenin Txet vehtseren wlil?

Mit diesen Übungen sollen die Schüler lernen, Texte als Gebilde und vor allem sinngebende Gebilde zu erfassen und zu verstehen. So wird einerseits ihre Wahrnehmung hinsichtlich des Inhalts sensibilisiert, andererseits auf spielerische Art ihre Lust am Erkennen und Entschlüsseln geweckt. Wichtig ist bei der Vorbereitung im Umgang mit Texten ein sehr genaues und zielgerichtetes „Hinschauen" zu trainieren, um das Erschließen der Texte und vor allem ihrer Inhalte angemessen vorzubereiten: Kontext (Zusammenhang) wahrnehmen, Erzähltext und direkte Rede unterscheiden, Funktion der Satzzeichen erfassen, Wortarten und Satzglieder erkennen und damit verbunden die Rechtschreibung (Groß- und Kleinschreibung), Stellenwert und Sinngehalt von Wörtern und Sätzen erkennen.

Lösung 1.

Die Sprache

Der Mensch spricht. Wir sprechen im Wachen und im Traum. Wir sprechen stets; auch dann, wenn wir kein Wort verlauten lassen, sondern nur zuhören oder lesen, sogar dann, wenn wir weder eigens zuhören noch lesen, stattdessen einer Arbeit nachgehen oder in der Muße aufgehen. Wir sprechen ständig in irgendeiner Weise. Wir sprechen, weil Sprechen uns natürlich ist. Es entspringt nicht erst aus einem besonderen Wollen. Man sagt, der Mensch habe die Sprache von Natur. Die Lehre gilt, der Mensch sei im Unterschied zu Pflanze und Tier das sprachfähige Lebewesen. Der Satz meint nicht nur, der Mensch besitze neben anderen Fähigkeiten auch diejenige zu sprechen. Der Satz will sagen, erst die Sprache befähige den Menschen dasjenige Lebewesen zu sein, das er als Mensch ist. Als der Sprechende ist der Mensch: Mensch.

Martin Heidegger

Lösung 2.

Ich habe es eigentlich gleich kapiert, was hier abgeht. Coole Texte, nette Übungen und irgendwie macht das sogar Spaß. Bin wirklich gespannt, was da noch so alles auf einen zukommt?! Etwas habe ich verstanden: Texte erschließen ist echt wichtig, damit wir nicht künftig davor sitzen und nix schnallen. Pisa sitzt uns im Nacken. Da müssen wir ran und richtig arbeiten, so dass wir zeigen können, was in uns steckt. Was in diesen Arbeitsblättern gepowert wird, ist super! Coole Sache, werdet ihr schon sehen. Viel Spaß!

Beantworte folgende Frage:

Worauf muss ich achten, wenn ich einen Text verstehen will?
– auf die Bedeutung der Wörter
– auf den Kontext
– auf die Sätze
– auf den Inhalt/Sinn
– auf das, was der Autor/Verfasser/Schriftsteller sagen will

1. *Lies den Text ‚Lückenbüßer' ein erstes Mal durch. Fülle anschließend die Lücken aus, indem du ein aus dem Kontext sich ergebendes, sinnvolles Wort einsetzt, so dass der Text verständlich wird. Achte bei der Wortwahl nicht nur auf den Sinn, sondern auch auf den richtigen Kasus sowie Genus und Numerus.*
Welche Informationen aus dem Text kannst du dafür nutzen?

____

Wie erkennst du, um welche Wortart es sich handelt?

Lückenbüßer (Thema Arbeitsamt / Arbeitssuche)

Dann ging ein Beamter durch den ____________, und Fabian erkundigte sich, ____________ geworden, ob er Aussicht habe, hier abgefertigt zu werden. Der ____________ fragte nach dem Ausweis des regionalen ____________.

„Sie haben sich noch nicht gemeldet? Das müssen Sie vorher ____________."
„Jetzt geh ich wieder dorthin, wo ich vor fünf Stunden die Tournee begonnen habe", ____________ Fabian. Aber der ____________ war nicht mehr ____________.
„Die Bedienung ist zwar ____________", meinte der Jüngling, „aber dass die Auskünfte immer stimmen, kann kein Mensch behaupten."
____________ fuhr mit dem Autobus zu dem Arbeitsamt seines Wohnbezirks. Er hatte bereits eine ____________ Fahrgeld verbraucht und blickte vor ____________ nicht aus dem Fenster.
Als er ankam, war das ____________ geschlossen. „Zeigen Sie mal Ihre Papiere her", sagte der Portier. „Vielleicht kann ich Ihnen ____________ sein." Fabian gab dem Biedermann das Zettelpaket. „Aha", erklärte der Türsteher, nach eingehender ____________. „Sie sind ja gar nicht arbeitslos."
Fabian setzte sich auf ____________ bronzenen Meilensteine, welche die Einfahrt ____________. „Sie haben bis zum Monatsende gewissermaßen bezahlten Urlaub. Das Geld haben Sie doch von Ihrer ____________ erhalten?"
Fabian nickte.
„Dann kommen Sie mal in vierzehn ____________ wieder", schlug der andere vor. „Bis dahin können Sie es ja mit Bewerbungsschreiben ____________. Lesen Sie die Stellenangebote in den ____________. Viel ____________ hat es nicht, aber man soll's nicht ____________."
„Glückliche Reise", sprach Fabian, nahm die ____________ in Empfang und begab sich in den ____________, wo er ein paar Brötchen verzehren wollte. Zu guter Letzt ____________ er sie aber an die ____________, die mit ihren ____________ im Neuen See spazieren fuhren.

2. *Lies den Text zur Fabel und versuche anschließend, die Einsatzwörter in die richtige Lücke zu setzen. Wenn dir das gelingt, hast du alle Merkmale der Fabel in dem Text vereint.*

Einsetzwörter:

Belehren – Pointe – kritisiert – Handlung – kurzer Dialog
Tiere sich wie Menschen – Gegenhandlung Lehre – Situation

Eine Fabel ist ein kurzer Text, in dem ______________________________ verhalten.
Der Text ______________ ein bestimmtes menschliches Verhalten und will ______________ es anders zu machen.
Zu Beginn wird über eine bestimmte ______________ erzählt, in der ein Tier sich befindet. Darauf folgt eine ______________ und meist ein ______________ mit anderen Tieren.
Unerwartet tritt eine ______________ ein, die plötzlich in einer ______________ (überraschendes Ende) endet.
Vielen Fabeln ist ein ______________ angehängt. Wo sie nicht steht, soll der Leser oder Zuhörer sie sich selbst denken.

Zusatzaufgabe: *Schreibe eine Fabel, indem du entweder das Tierpaar Löwe / Maus oder Fisch / Möwe zu den Hauptakteuren machst.*

Mögliche Lösungen:

Leerstellen innerhalb eines vorgegebenen Kontextes ausfüllen erfordert besondere Konzentration, da die jeweilige Wortart nicht nur ausgewählt, sondern auch angeglichen werden muss – Deklination, Konjugation oder gar die Steigerung sind entscheidend für den Erfolg. Auf diese Weise werden die Schüler/innen gezwungen, den Kontext wahrzunehmen und genau zu prüfen und damit über ihr oberflächliches Lesen hinauszugehen. Zwei unterschiedliche Textsorten stehen als Übungen zur Verfügung: ein Prosatext und ein Text zu den Merkmalen der Fabel.

Lösung 1.

Lückenbüßer (Thema Arbeitsamt / Arbeitssuche)

Dann ging ein Beamter durch den FLUR / RAUM, und Fabian erkundigte sich, NEUGIERIG geworden, ob er Aussicht habe, hier abgefertigt zu werden. Der BEAMTE fragte nach dem Ausweis des regionalen ARBEITSAMTES.

„Sie haben sich noch nicht gemeldet? Das müssen Sie vorher TUN / MACHEN."
„Jetzt geh ich wieder dorthin, wo ich vor fünf Stunden die Tournee begonnen habe", SAGTE / ERWIDERTE / STÖHNTE / JAMMERTE Fabian. Aber der BEAMTE war nicht mehr DA / IN HÖRWEITE.
„Die Bedienung ist zwar FREUNDLICH / UNKOMPLIZIERT", meinte der Jüngling, „aber dass die Auskünfte immer stimmen, kann kein Mensch behaupten."
FABIAN / ER fuhr mit dem Autobus zu dem Arbeitsamt seines Wohnbezirks. Er hatte bereits eine MENGE Fahrgeld verbraucht und blickte vor SORGE / ANGST nicht aus dem Fenster.
Als er ankam, war das AMT / BÜRO geschlossen. „Zeigen Sie mal Ihre Papiere her", sagte der Portier. „Vielleicht kann ich Ihnen BEHILFLICH sein." Fabian gab dem Biedermann das Zettelpaket. „Aha", erklärte der Türsteher, nach eingehender BETRACHTUNG / MUSTERUNG. „Sie sind ja gar nicht arbeitslos."
Fabian setzte sich auf EINEN DER bronzenen Meilensteine, welche die Einfahrt BEGRENZTEN / ZIERTEN / SCHMÜCKTEN. „Sie haben bis zum Monatsende gewissermaßen bezahlten Urlaub. Das Geld haben Sie doch von Ihrer FIRMA / BANK erhalten?"
Fabian nickte.
„Dann kommen Sie mal in vierzehn TAGEN wieder", schlug der andere vor. „Bis dahin können Sie es ja mit Bewerbungsschreiben VERSUCHEN / PROBIEREN. Lesen Sie die Stellenangebote in den ZEITUNGEN. Viel ARBEIT / ERFOLG / NUTZEN hat es nicht, aber man soll's nicht AUFGEBEN / BESCHWÖREN / UNVERSUCHT LASSEN."
„Glückliche Reise", sprach Fabian, nahm die ZETTEL / PAPIERE in Empfang und begab sich in den PARK, wo er ein paar Brötchen verzehren wollte. Zu guter Letzt VERSCHENKTE / VERTEILTE er sie aber an die ÄLTEREN HERRSCHAFTEN / KINDER, die mit ihren ROLLSTÜHLEN / SCHIFFCHEN im Neuen See spazieren fuhren.

Lösung 2.

Eine Fabel ist ein kurzer Text, in dem <u>Tiere sich wie Menschen</u> verhalten.
Der Text <u>kritisiert</u> ein bestimmtes menschliches Verhalten und will <u>belehren</u> es anders zu machen.
Zu Beginn wird über eine bestimmte <u>Situation</u> erzählt, in der ein Tier sich befindet. Darauf folgt eine <u>Handlung</u> und meist ein <u>kurzer Dialog</u> mit einem anderen Tier.
Unerwartet tritt eine <u>Gegenhandlung</u> ein, die plötzlich in einer <u>Pointe</u> (überraschendes Ende) endet.
Vielen Fabeln ist eine <u>Lehre</u> angehängt. Wo sie nicht steht, soll der Leser oder Zuhörer sie sich selbst denken.

a) *Lies den Text in Ruhe durch.*
Beantworte anschließend folgende Fragen:
1. Um wen handelt es sich in der Fabel?
2. Was passiert zuerst (Aktion), was ist die Folge (Reaktion)?
3. Welche Lehre kann man aus der Fabel ziehen?
4. Fasse den Text in unterschiedlicher Länge zusammen.
Originaltext: 110–120 Wörter
Resümee 1: ~ 80 Wörter
Resümee 2: ~ 50 Wörter
Resümee 3: ~ 35 Wörter
Resümee 4: ~ 20 Wörter
Resümee 5: ~ 10 Wörter

b) *Suche dir anschließend weitere Fabeln, Geschichten (Lesebuch) oder Kurzmeldungen (Tageszeitung) aus, um sie mit wenigen Worten deinen Mitschülern vorzustellen. Frage die anderen anschließend, wie sie sich die Geschichte in voller Länge ausmalen und lasse sie dir erzählen. Abschließend könnte man die Originalgeschichte lesen und Vergleiche zwischen den unterschiedlichen Versionen anstellen.*

Rabe und Fuchs

Ein Rabe hatte Glück gehabt: Mit einem Stück Käse, das er gestohlen hatte, hockte er auf einem Ast.
Hungrig kam ein Fuchs dazu und wollte den duftenden Käse haben.
„Oh Rabe, schöner Vogel!“, rief er dem Raben zu. „Dein Gefieder glänzt so prächtig wie das keines anderen. Wäre eure Stimme nun noch entsprechend eurer Schönheit, so wärt ihr der König unter den Vögeln.“
Der Rabe freute sich über die schönen Worte und wollte dem Fuchs ein Lied vorsingen. Als er den Schnabel aufriss, da lag der Käse unten.
Der Fuchs schnappte den Käse und fraß ihn auf.
Der Rabe ärgerte sich und merkte zu spät, dass der Fuchs nur aus List so gesprochen hatte.

Nach Martin Luther

Das Resümieren bzw. Zusammenfassen von Texten fällt den Schülern, die sich gerne an Details festbeißen, schwer. Das liegt zum einen daran, dass sie nicht immer das Wesentliche von dem Unwesentlichen unterscheiden können. Zum anderen fällt es ihnen sprachlich schwer, kurz und knapp zu formulieren, bzw. die unterschiedlichen Wortarten je nach Zielsetzung zu nutzen: so zum Beispiel Konjunktionen, um Zusammenhänge klar herauszustellen oder Adjektive und Partizipien, um die Umstände verkürzt zu erfassen.
Der vorliegende kurze und überschaubare Fabeltext ermöglicht den Schülern, den Inhalt in mehreren Zusammenfassungen schrittweise zu verkürzen. Um sie sprachlich zu sensibilisieren, könnte man anschließend auf die Funktion der verwendeten Wortarten hinweisen und herausarbeiten, welche Funktion Wortarten als Satzglieder haben und inwieweit sie tatsächlich zur Verkürzung im Bereich der Informations- und Inhaltsvermittlung dienen.

Lösungsmöglichkeiten:

Resümee 1:
Ein Fuchs, der Hunger hat, sieht einen Raben mit einem Stück Käse im Schnabel.
Durch seine schmeichelnden Worte, mit denen er das Gefieder des Vogels lobt und von dessen wunderschöner Stimme schwärmt, bringt er den Raben dazu, den Schnabel zu öffnen, um dem Fuchs ein Lied vorzusingen. Damit fällt der Käse zu Boden.
Der Fuchs schnappt sich den Käse und isst ihn auf. Der Rabe hingegen ärgert sich über seine Eitelkeit und die List, auf die er hereingefallen ist.
(81 Wörter)

Resümee 2:
Ein Fuchs, der Hunger hat, sieht einen Raben mit einem Stück Käse. Durch eine List – der Fuchs bringt den Raben zum Singen – öffnet der eitle Rabe seinen Schnabel. So fällt der Käse zu Boden und der Fuchs isst ihn auf. Der Rabe ärgert sich und merkt zu spät, dass er überlistet worden ist.
(55 Wörter)

Resümee 3:
Ein hungriger Fuchs sieht einen Raben mit einem Stück Käse, das er von diesem durch eine List ergattert. Während er sich über seine Beute freut, ärgert sich der Rabe, dass er auf die List hereingefallen ist.
(36 Wörter)

Resümee 4:
Ein Fuchs nutzt eine List, um ein Stück Käse von einem Raben zu ergattern. Dieser ärgert sich, überrumpelt worden zu sein.
(21 Wörter)

Resümee 5:
Ein Fuchs überlistet einen Raben und holt sich dessen Käse.
(10 Wörter)

Nun sind die Fremdsprachenkenner gefragt: In diesem Text sind die *kursiv* gedruckten Wörter und Sätze zu identifizieren. Sofort wirst du merken, dass die Wörter anders geschrieben werden müssen als sie gesprochen werden. Hier nun ist aber die Schreibweise der Wörter aus einer Fremdsprache bzw. in Schweizer Deutsch nach der bekannten Aussprache erfolgt, so wie wir in der deutschen Sprache schreiben. Aber die Laute entsprechen eben nicht immer den Buchstaben und damit der Schreibweise.

Finde zuerst heraus, um welche Sprache es sich handelt.
Versuche daraufhin die Sätze zu entschlüsseln und nach den entsprechenden Rechtschreibregeln dieser Fremdsprache richtig aufzuschreiben.

Iljadla Näsch

Dass die Sprache die Quelle aller Missverständnisse sei, ging mir kürzlich durch den Kopf, als mir im Treppenhaus Bindschädlers Fritzli sein Schul-Notizheft unter die Nase hielt mit der Frage: *„Wüssezi was das gheißt?“* Da stand also: Iljadla Näsch – und ich dachte: „Russisch müsste man können!“ Als ich den Kopf schüttelte, bemerkte Fritzli stolz: *„Dasch ebe Franz und gheißt: Es hat Schnee!“*
5 Dann erwähnte er, dass es eigentlich verboten sei, in den Franz-Stunden der vierten Klasse etwas aufzuschreiben, weil die Schüler nur Lichtbildchen angucken und nachsprechen, aber ja nichts notieren dürfen. *„Aber mir chönnd alli gliich schriibe“*, ergänzte er. Nachdem er mir in diesem Punkt absolute Schweigepflicht gegenüber dem Lehrer abverlangt hatte, gestattete er mir einen weiteren Blick in sein privates *„Woggabülähr“*, das unter anderem folgende Kostbarkeiten enthielt: *Gesgöse, Giäs, Se Poll, boschur*
10 *le Sofo, Selö Bonomm, Seliwär, wala Alis, schoset di: Sel Mössiö, se tän Waso, iljadla Näsch.*
Da ich nicht der audio-visuellen Generation angehöre, musste mir Fritzli bei der Übersetzung geistig unter die Arme greifen. Schließlich fanden wir gemeinsam heraus, was mit *„Set ö Puaso“* gemeint war.

Aus: Neue Zürcher Zeitung vom 7.2.1971

Es handelt sich um die ______________________ Sprache.

Folgende Wörter habe ich gefunden:

Wüssezi was das gheißt? ______________________?

Iljadla Näsch ______________________

Aber mir chönnd alli gliich schriibe ______________________

______________________ ______________________
______________________ ______________________
______________________ ______________________
______________________ ______________________
______________________ ______________________
______________________ ______________________
______________________ ______________________

Lösung:

Die vorliegende Übung ist nicht nur Spiel mit Sprache, sondern entspricht einer Situation, die die Schüler aus ihrem ersten Fremdsprachenunterricht kennen. Englisch wie Französisch wird noch weniger so geschrieben wie es gesprochen wird. Damit ist das größte Problem des Erwerbs moderner Fremdsprachen umrissen.
Dass sich ein derartiger Text hier anbietet, ergibt sich aus der Zielsetzung, Schüler für die Sprache zu sensibilisieren; dazu gehört auch das Erkennen unterschiedlicher Kriterien für Aussprache und eben Schreibweise, zwischen Phonem und Graphem.
Ist man sich der „Andersschreibung" bewusst, überträgt man die Genauigkeit und Aufmerksamkeit hinsichtlich des Hörens und Schreibens der Fremdsprachen auch wieder auf die Muttersprache.

Wüssezi was das gheißt?	Wissen Sie, was das heißt?
Dasch ebe Franz und gheißt: Es hat Schnee.	Das ist eben Französisch und heißt: Es hat Schnee.
Aber mir chönnd alli gliich schriibe.	Aber wir können alle gleich schreiben.
Woggabülähr	vocabulaire (Vokabular / Wortschatz)
Gesgöse?	Qu´est-ce que c´est? (Was ist das?)
Giäs?	Qui est-ce? (Wer ist das?)
Se Poll.	C´est Paul. (Das ist Paul.)
Boschur le Sofo.	Bonjour les enfants. (Guten Tag Kinder.)
Selö Bonomm.	C´est le bonhomme. (Das ist der Mann / das Männchen.)
Seliwär.	C´est l´hiver. (Es ist Winter. / Das ist der Winter.)
Wala Alis.	Voilà Alice. (Da ist Alice.)
Schoset di: Sel Mössiö.	Josette dit: C´est le Monsieur. (Josette sagt: „Das ist der Herr.")
Se tän Waso.	C´est un oiseau. (Das ist ein Vogel.)
Iljadla Näsch.	Il y a de la neige. (Es gibt Schnee. / Es liegt Schnee.)
Set ö Puaso.	C´est un poisson. (Das ist ein Fisch.)

* *Setze die Absätze, die in der Druckmaschine durcheinander geraten sind, in die richtige Reihenfolge.*
* *Lies die Geschichte in deiner Arbeitsgruppe und sammle einige Stichpunkte über deine Gefühle und Empfindungen beim Lesen. Beantworte die angeführten Fragen.*
* *Was fällt dir an der Sprache auf? Wenn der Ich-Erzähler schildert, was er sieht und fühlt, wie wird das sprachlich umgesetzt (Wortwahl und Satzbau)?*
* *Male einen Comic zu der Geschichte von Keller. Achte nicht nur auf die Gestaltung der Bilder, sondern auch auf die Sprechblasen und die Erzähltexte, die die Bilder ergänzen.*
* *Schreibe eine Fortführung, indem du dir zum Beispiel ausmalst, wie das Mittagessen am nächsten Tag aussieht.*

Alternativen: *Tagebucheintrag / E-Mail / Brief / Telefongespräch*

Agathe Keller

Frische Blutwürste

① Rechts und links bildeten die Leute eine lange Reihe. Und vorn, mitten auf der Straße, war der Bottich. Drin immer noch die Sau. Schmutzig. Hässlich. Sie grunzte laut und aufgeregt. Der Bottich verdeckte die Beine und einen Teil des Bauches. „Bereit“, sagte der Metzger. Und entsicherte das Gewehr. Mein Herz klopfte. Ich schloss die Augen, öffnete sie wieder. Die Sau stand im Bottich. Es war kein Traum.

② Als ich in der Nacht dalag und nicht schlafen konnte, sah ich immer wieder die Sau mit dem Loch. Und das Blut floss und floss. Und der Kopf war weg. Der lag im Schaufenster der Metzgerei auf einem weißen Tablett. Und in den beiden Schnuffellöchern steckte grüne Petersilie.

③ Und dann kam der Donnerstag. Onkel Albert ließ mich ausschlafen. „Wir fangen erst gegen neun an“, hatte er gesagt. Um neun waren alle schon auf. Tante Bertha, Hans, Ursula, der kleine Albert, Alfred der Knecht und Martha die Magd. „Freust du dich?“, fragten sie alle. Und lachten. „Gleich wird's losgehn!“ Ich freute mich nicht. Ich hatte Angst. Ich liebte Schweine nicht sehr, das schon.

④ Jetzt war es ganz still vor dem Bauernhaus. Und kalt. Nur die Sau machte Lärm. Dann der Knall. Sie grunzte. Sackte in sich zusammen. Der Kopf hing über den Rand hinaus. Die Leute klatschten in die Hände. Wir liefen zum Bottich. Ich fast zuerst. Ich sah das Loch, schräg oben. „Mitten ins Herz!“, staunten die Leute. Ein rundes Loch. Und darum herum alles rosa. Und plötzlich quoll es rot heraus, sprudelte. Alle Kinder jauchzten jetzt. Warmes, richtiges Blut. Die Sau war tot. Der Kopf lag schräg auf dem Bottichrand. Es dünkte mich furchtbar widerlich. Und doch konnte ich nicht wegschaun. Ich hatte die Schweine nie sehr geliebt, das schon. Sie waren so hässlich, wohnten im Dreck. Hatten eine breite Schnüffelnase.

⑤ Hans kam in die Küche. Er tauchte seinen Finger in die Blutbrühe und schleckte ihn dann ab. „Die hat was hergegeben! Das hat der Metzger gesagt“, sagte er. Am Mittag gab es eine kräftige Fleischsuppe. Ich hatte keinen Hunger. Am Nachmittag teilten sie die Sau noch fertig auf. Tante Bertha sagte: „Die Schweinsfüße und den Schwanz koche ich morgen aus.“ Und Onkel Albert fragte: „Na, Christine, wie hat's dir gefallen?“ Ich war sehr traurig, dass das Schwein kein Schwein mehr war.

⑥ Auf der Straße vor dem Bauernhaus warteten viele Leute. Vor allem Kinder. Onkel Albert war Bauer. Tante Bertha Bäuerin. Über Nacht war Schnee gefallen. „Der bleibt aber nicht. Ist ja viel zu früh. Ein gutes Zeichen. Ein gutes Zeichen!", sagten die Leute. Ich war das erste Mal bei Onkel Albert und Tante Bertha in den Ferien. Mitten auf der Straße vor dem Bauernhaus stand ein großer Bottich. Für die Sau. Onkel Albert und Alfred der Knecht schleiften sie heraus. Sie grunzte. Sträubte sich. Grunzte jämmerlich. „Die weiß bestimmt, was auf sie wartet", dachte ich. „Die weiß es. Die sieht ja den Bottich auch." Onkel Albert und der Knecht redeten ihr zu: „Ruhig, he, he, ganz schön ruhig. Und da hinein", sagten sie. Und sie stand drin. „Jetzt knallt's dann", sagte ein Junge neben mir. Und strahlte. Und mit der Hand ahmte er ein Gewehr nach: „Poing, poing!" Dann kam der Metzger. Er hatte eine weiße Schürze an mit roten Flecken drauf. Ein Zipfel war schräg nach oben gebunden. Alle Metzger binden die Schürze so. Er krempelte sich die gestreiften Hemdsärmel hoch. Onkel Albert gab dem Metzger das Gewehr. Es war ein richtiges Gewehr. Vielleicht rannte die Sau im letzten Augenblick davon. Hoffte ich.

⑦ „Wir trinken in der Stube etwas Warmes", sagte Tante Bertha und zog mich hinein. „Der Schnee war ganz rot vom Blut", sagte ich.
„Die war aber gleich tot. Knall. Tot", sagte der kleine Albert.
„Ich will zuschaun", sagte Hans, „wie sie die Sau aufschneiden. Das gefällt mir, wenn alles so rauskommt."

⑧ In der Küche rührte Martha, die Magd, in zwei großen, hohen Pfannen. Frauen aus dem Dorf hackten Zwiebeln. Tante Bertha drückte mir eine Holzkelle in die Hand. „Immer in der gleichen Richtung, nicht vergessen!" In den Töpfen kochte Blut. Mit Zwiebeln, Knoblauch, Gewürzen, Salz. Blut von der Sau. Die eben noch gegrunzt hatte, stinkig, dreckig gewesen war. Für Blutwürste. „Christine! Rühren, rühren!" Sie nahm mir die Kelle weg. Machte energisch einige Umdrehungen, sagte: „So geht das! Hier wird nicht geträumt. Ein Schwein ist ein Schwein!" Andere Frauen brachten Wursthäute. Die musste ich jetzt halten, und meine Tante füllte mit einer Schöpfkelle die Blutsuppe ein. „Das dickt dann ein, ganz langsam." Erklärte sie.

⑨ „Christine, Christine", riefen sie jetzt, „komm, wir schrubben die Sau. Das machen immer die Kinder." Sie blutete jetzt nicht mehr. Man hatte sie in einen andern Bottich gelegt. Und kochendes Wasser über sie gegossen. Und irgendein Waschmittel dazugegeben. Wir seiften sie tüchtig ein. Und bürsteten und schrubbten. Und manchmal vergaß ich ganz, wen ich da saubermachte. Aber als ich das Schwänzchen über den Bottichrand hängen sah, wurde ich doch wieder ganz traurig. Es war jetzt zwar keine richtige Sau mehr. Viel zu rosa. Und sie duftete nach Seife. Ein duftendes Schwein. „So", sagte der Metzger. Er trug Holzschuhe. Und eine braunrote Gummischürze. Mit einem Schlauch spritzte er die Sau ab. „Zum Anbeißen sauber", lachte er.

Wenn du den Text geordnet hast, kannst du die angeführten Fragen sicher beantworten:

*** Um was für eine Geschichte handelt es sich?**

- ❑ In der Geschichte geht es um Mord.
- ❑ Es handelt sich um eine Fabel.
- ❑ Das Thema der Geschichte lautet: Ferien auf dem Bauernhof.
- ❑ In dem Text „Frische Blutwürste" beschreibt die Autorin die Schlachtung einer Sau.

*** Was steht im Mittelpunkt der Geschichte?**

- ❑ ... stehen die Gefühle der Ich-Erzählerin und anderer Kinder.
- ❑ ... steht die Reaktion aller Beteiligten.
- ❑ ... steht, wie sich die Sau fühlt.
- ❑ ... stehen die Gefühle der Er-Erzählerin.

*** Die Hauptfigur in der Geschichte ...**

- ❑ ... liebt Schweine sehr.
- ❑ ... liebt keine Schweine, sondern Hunde.
- ❑ ... liebt Schweine nicht sehr.
- ❑ ... hat lieber Meerschweinchen zu Hause.

*** Welche Gefühle empfindet Christine?**

- ❑ Sie ist traurig, weil sie die Blutsuppe nicht mag.
- ❑ Sie findet die ganz Angelegenheit langweilig.
- ❑ Sie fühlt sich einsam mitten im Trubel und machtlos der Sau gegenüber.
- ❑ Sie hat Heimweh nach ihren Eltern und Freunden.

*** Die anderen Kinder ...**

- ❑ ... sind entsetzt über die Tötung der Sau.
- ❑ ... drehen einen Film darüber.
- ❑ ... putzen die Sau und freuen sich.
- ❑ ... sind dem Ereignis gegenüber positiv eingestellt.

*** Die Geschichte besteht vorwiegend aus ...**

- ❑ ... langen, verschachtelten Sätzen.
- ❑ ... Dialogen.
- ❑ ... kurzen Hauptsätzen.
- ❑ ... englischen Zitaten.

Die Geschichte „Frische Blutwürste" eignet sich besonders aufgrund der sprachlichen Gestaltung zur Umgestaltung in eine Bildergeschichte. Die Schüler sollten auf den Zusammenhang von Bild (Farben, Formen) und Sprache (Erzähltext, Sprechblasen) achten. Deshalb ist es sinnvoll, zuvor die sprachlichen Mittel zu analysieren und auf die Gefühle der Schüler nach der geordneten Lektüre einzugehen, die auch sehr unterschiedlich sein können, wie bei den Kindern in der Geschichte. Diese Vorgehensweise hilft ihnen, die wichtigsten Aussagen und Gedanken wahrzunehmen, da sie in einer Bildergeschichte Inhalt und sprachliche Äußerungen stark verkürzt wiedergeben müssen. Man kann die Aspekte, nach denen gesucht werden soll, angeben.

Weitere Aufgaben könnten sein:

* ***Suche Titel / Überschriften für die einzelnen Abschnitte.***
* ***Verfasse eine Inhaltsangabe zu der Kurzgeschichte.***
* ***Stelle drei Fragen an den Text (W-Fragen).***

Erzähltechnische und sprachliche Mittel werden bewusst eingesetzt, um die Gefühle der Ich-Erzählerin während der Tötung der Sau zu vermitteln. Im zweiten Teil der Geschichte sind diese sprachlichen Mittel nicht mehr so gehäuft zu finden. Im Folgenden sind die wichtigsten Auffälligkeiten exemplarisch mit Beispielen angeführt (ohne Anspruch auf Vollständigkeit, da verkürzt).

Die richtige Reihenfolge der Absätze: 3 6 1 4 9 7 8 5 2

Kurze Hauptsätze ⟶ Kette von Assoziationen, Situationsbeschreibung

Ich freute mich nicht. Ich hatte Angst.
Mein Herz klopfte. Ich schloss die Augen.
Die Sau stand im Bottich. Es war kein Traum.
Die Sau war tot. Der Kopf lag schräg auf dem Bottichrand.

Ellipsen (unvollständige Sätze) ⟶ Wortfetzen, ähnlich dem inneren Monolog

... fragten sie alle. Und lachten.
... stand ein großer Bottich. Für die Sau.
... rannte die Sau im letzten Augenblick davon. Hoffte ich.
... ein Junge neben mir. Und strahlte.
Drin immer noch die Sau. Schmutzig. Hässlich.
Viel zu rosa.

direkte Rede ⟶ Emotionen / Gedanken der anderen als Kontrast

„Freust du dich?" „Gleich wird's losgehen!" „Jetzt knallt's dann" „Mitten ins Herz!"
„Wir schrubben die Sau. Das machen immer die Kinder."
„Zum Anbeißen sauber"
„Ich will zuschauen, wie sie die Sau aufschneiden. Das gefällt mir, wenn alles so rauskommt."
„Na, Christine, wie hat's dir gefallen?"
„Die hat was hergegeben."

Onomatopoetika (Lautmalerei) ⟶ Darstellung der Schüsse

„Poing, poing!" Knall.

Die Autorin zielt darauf ab, die Schlachtung eines Schweins aus der Perspektive eines kleinen Mädchens zu schildern. Daher ist deren Wahrnehmung stark an die kindliche Sprache geknüpft, durch die die Grausamkeit der Erwachsenen den Emotionen und dem Mitleid eines Kindes kontrastierend hervorgehoben wird.
Gerade durch die Reduktion auf einzelne Wörter und unvollständige Sätze begreift der Leser die Ohnmacht des Kindes in dieser Situation. Die durchbrochene Syntax spiegelt das kindliche Empfinden wider, zwischen Gedanken über Schweine schlechthin, diese spezielle Sau, ihr Schicksal, die Reaktionen und Handlungsweisen der umstehenden Kinder und Erwachsenen. Die bäuerliche Welt ist der Erzählerin fremd, noch nie hat sie einer Schlachtung beigewohnt. Ihre Verwandten hätten sie auf dieses Ereignis vorbereiten müssen, was nicht geschehen ist. So zerbricht die kindliche Illusion, dass Tiere eines natürlichen Todes sterben.

Frische Blutwürste
morgens
Freust Du Dich aufs Schlachten, Christine?
Nicht wirklich
Juhuu
gleich gehts los
Der Bottich
quik
Das Schwein ist im Bottich
Quiiieeek
Hahaha
Hihihi
Klatsch Klatsch
Der Metzger kommt an...
Hähää!
Hier, bitte.
Danke.
Der Metzger zielt...
... und trifft!
Christine muss die Sau abschrubben.
Das arme Schwein!
Das duftende Schwein
Kommt, wir trinken in der Stube etwas Warmes!
Christine rührst Du mal?
Igitt! Ist das ekelig!
Halt mal den Darm!
Es war so ein schönes Schwein!
Hans probiert die Blutsuppe
Mmh... lecker!
Okay
Ich will nicht!
Beim Mittagessen
Der Metzger nimmt die Sau aus.
Abends denkt Christine an die Sau.
Blut Tod Metzg.
Schwein
The End
Maren Hoffmann
Annika Kapp
Carina
Lotta Weber
05.01.2005

1. *Euch wird die Geschichte bis „Auf einmal war eine weiße Frau da ..." vorgelesen. An dieser Stelle müsst ihr die Geschichte fortführen. Achtet auf Tempus, Erzählperspektive und Personen / Situationen, um den Ausgang der Geschichte zu formulieren.*
2. *Nach Erhalt der gesamten Geschichte solltet ihr sie in einzelne Sinnabschnitte einteilen und diesen Titel (Überschriften) geben.*
3. *Zuletzt ist die Geschichte in einen Comic, eine Bildergeschichte umzusetzen. Es muss erkennbar sein, um welche Problematik es sich handelt.*
4. *Tauscht eure Erfahrungen mit Ausgrenzung, Intoleranz und Fremdenhass aus. Wie sieht es in eurer Schule, eurem Wohnort aus?*

Ursula Wölfel

Nur für Weiße

Ein Zug kam an in der großen Stadt in Südafrika. Der Zug hatte zweierlei Wagen: Wagen für Menschen mit weißer Haut und Wagen für Menschen mit anderer Haut, schwarzer, brauner oder gelber.
Viele Leute stiegen aus. Ein Junge war dabei, der hatte eine fast schwarze Haut. Er kam mit seinen Eltern, sie wollten in der großen Stadt bleiben. Bis jetzt hatten sie in einem Dorf gewohnt, und der Junge war
5 noch nie in einer großen Stadt gewesen. Er war sechs oder sieben Jahre alt. Der Vater trug die Kiste mit den Küchensachen auf den Schultern. Die Mutter hatte das Schwesterchen im Rückentuch, und auf dem Kopf trug sie das Bündel mit dem Bettzeug. Der Junge nahm den Korb, aus dem sie unterwegs gegessen hatten. Jetzt war der Korb leer. Der Junge staunte über den Bahnhof mit den vielen Gleisen und dem riesigen Dach darüber. Er staunte über das große Bahnhofshaus und die vielen Häuser dahinter, Häuser
10 so hoch wie Berge!
Im Gedränge auf dem Bahnsteig verlor der Junge seine Eltern. Er lief dorthin, wo er sie zuletzt gesehen hatte. Sie waren fort.
Er lief weiter und kam zu einer Treppe, die führte unter die Erde. Der Junge hatte Angst, da hinunter zu gehen, aber die vielen Leute schoben ihn weiter.
15 Im Tunnel unten fürchtete er sich noch mehr, aber dann kam er über eine andere Treppe wieder nach oben. Er stand jetzt vor dem Bahnhofshaus.
Viele Leute gingen hier durch eine hohe Tür. Aber als der Junge auch durch diese Tür in das Bahnhofshaus gehen wollte, hielt ihn jemand von hinten fest und sagte: „Nur für Weiße!"
Der Junge drehte sich um und sah einen Mann mit schwarzer Haut, der hatte einen Karren voller Koffer
20 und Taschen. Der Mann zeigte auf ein Schild über der Tür. Er lächelte dem Jungen zu, und dann schob er den Karren weiter.
Der Junge ging durch eine andere Tür. Er kam in einen Saal mit vielen Tischen. Dort saßen Leute, die aßen und tranken.
Der Junge wollte seine Eltern an den Tischen suchen. Aber ein Mann mit heller Haut kam zu ihm und
25 schrie ihn an und riss die Tür wieder auf. Der Junge verstand, dass er hinausgehen sollte.
Draußen an der Hauswand stand ein Bursche mit dunkler Haut. Der fragte den Jungen:
„Du bist wohl vom Land? Hast du das Schild nicht gesehen? Nur für Weiße, du kleine Ratte!"
Der Junge starrte ihn an, und dann lief er schnell den Bahnsteig entlang.
Nirgendwo sah er die Eltern.
30 Er setzte sich auf eine Bank. Er wollte hier auf die Eltern warten. Sie würden ihn suchen, das wusste er. Aber da kam der Mann mit dem Karren wieder. Der Karren war jetzt leer. Der Mann blieb stehen und sagte: „Tut mir Leid, Junge, aber hier darfst du nicht sitzen. Die Bank ist nur für Weiße." Und er zeigte auf die Schrift an der Rückenlehne. „Ich kann nicht lesen", sagte der Junge. „Und ich bin müde." Dann erzählte er dem Mann, dass er die Eltern verloren hatte.

35 Der Mann sagte: „Ich habe jetzt Zeit, ich suche deine Eltern. Gib du solange auf den Karren Acht. Setz dich drauf!“ Er schob den Karren mit dem Jungen bis ans Ende vom Bahnsteig.
Dort war eine junge Frau mit dunkler Haut, die hatte einen Korb voll Flaschen. Der Mann kaufte bei ihr eine Flasche Limonade, die gab er dem Jungen, und dann ging er fort. Der Junge saß auf dem Karren und betrachtete die Flasche. Ein buntes Bild von Apfelsinen und Zitronen war darauf, und im Flaschenhals
40 steckte ein Strohhalm. Bis jetzt hatte der Junge nur zweimal in seinem Leben Limonade aus einer Flasche getrunken. Das war, als seine Eltern ihn zum Markttag in ein großes Dorf mitgenommen hatten.
Gerade wollte der Junge den ersten Schluck trinken, da sah er ein kleines Mädchen am Karren stehen. Es hatte ein rosaweißes Gesicht und ganz helle Haare. Sein Kleid war weiß, und sogar seine Schuhe waren weiß. Es war noch sehr klein, fast so klein wie das Schwesterchen.
45 Das Kind stand auf den Zehenspitzen und hielt sich mit einer Hand am Karren fest. Die andere Hand streckte es nach der Flasche aus. Der Junge erschrak. Hier war alles nur für Weiße: das Bahnhofshaus, der Saal mit den Tischen zum Essen und Trinken und die Bank zum Ausruhen. Also gab er dem weißen Kind seine Limonadenflasche. Das Kind lachte und nahm gleich den Strohhalm in den Mund und trank.
Der Junge auf dem Karren beugte sich weit vor und sah zu, wie es schluckte und schluckte und wie die
50 Limonade in der Flasche immer weniger wurde.
Auf einmal war eine weiße Frau da, die schimpfte und riss dem kleinen Mädchen die Flasche aus der Hand und warf sie in den Papierkorb. Der Limonadenrest tropfte durch die Drahtmaschen auf das Bahnsteigpflaster. Die weiße Frau fragte den Jungen etwas, sie fragte immer wieder dasselbe. Er konnte aber ihre Sprache nicht verstehen. Die dunkle Frau mit dem Flaschenkorb kam dazu. Sie sagte zu dem
55 Jungen:
„Sie will wissen, ob du auch von der Limonade getrunken hast, ob du den Strohhalm im Mund gehabt hast.“ Der Junge schüttelte den Kopf. „Nein“, sagte er. Er verstand nicht, weshalb die weiße Frau das wissen wollte. Sie nahm jetzt das Kind an die Hand und ging fort. Aber das kleine Mädchen riss sich los und lief allein weiter. Es wackelte, es konnte noch nicht gut laufen. Plötzlich rutschte ihm das Höschen
60 herunter, es stolperte und fiel hin, nach vorn auf beide Hände.
Die weiße Frau hob es auf und trug es fort. Der Junge auf dem Karren gluckste vor Lachen. „Hast du das gesehen?“, fragte er die Frau mit dem Flaschenkorb. „Man lacht nicht, wenn ein kleines Kind hinfällt“, sagte sie.
„Es war hinten ganz rosa!“, rief der Junge. Er konnte kaum sprechen, so musste er lachen. „Wie die Affen
65 im Busch! Ganz rosa hinten!“
„Sei still!“, sagte die Frau. „Was dachtest du denn? Sie sind überall hell, nicht nur im Gesicht.“ Dann ging sie schnell weiter.
Jetzt sah der Junge seine Eltern kommen. Er sprang auf, er stand auf dem Karren und schwenkte die Arme und schrie ihnen entgegen:
70 „Sie haben einen Affenhintern! Nur für Weiße! Nur für Weiße! Einen Affenhintern haben sie, einen rosa Affenhintern!“
Und die dunklen Menschen auf dem Bahnsteig, die seine Sprache verstanden, lachten alle. Aber sie versteckten dabei ihre Gesichter hinter ihren Händen, oder sie drehten sich um zur Hauswand, und niemand lachte so laut wie der Junge auf dem Karren.

Aus: Die grauen und die grünen Felder. Wahre Geschichten. Mühlheim a. d. Ruhr (Anrich), 1970

1. Individuelle Lösung

2. Titel (mehrere Lösungen)

1. Ankunft in der Stadt / Verlorene Eltern
2. Schilderwald: „Nur für Weiße"
3. Suche nach den Eltern / Hilfe in Sicht / Ein netter Mann
4. Kein einziger Schluck / Die bösen Weißen / Alles für Weiße
5. Der Affenpopo / Die Weißen mit ihrem rosa Popo
6. Endlich vereint / Das schwarze Lachen

Von diesen Titeln ausgehend könnte man in Klasse 7 die Inhaltsangabe einführen.

Fragen an den Text:

Wie reagiert der Junge auf die ständige Diskriminierung?
In welcher Form ändern sich die Gefühle des Jungen?
Welche Perspektive, die uns sonst verborgen bleibt, offenbart uns die Autorin?
Was will die Autorin mit der Geschichte vermitteln?

3. und 4. individuelle Lösungen

siehe Seite 21

Nur für Weiße

Leonie Pösch, Weikersheim 7a, (2005)

Lies die Kurzgeschichte „Der kluge Hugo" von Walter Floote und charakterisiere die beiden Figuren. Überlege dir, wie du Hugo und Alfred in die Schiffschaukel integrierst, wer welchen Platz einnimmt und schreibe in die jeweilige Hälfte die Eigenschaften der Person. Halte anschließend Alfreds berufliche Laufbahn fest.
Verfasse abschließend eine Inhaltsangabe.

Walter Floote

Der kluge Hugo

Sie trafen sich auf dem Rummelplatz. „Mensch, Hugo!", schrie der eine durch den Lärm und die dröhnende Musik. „Wie geht's, wie steht's?" „Guck mal an, Alfred der Einfältige!", schrie Hugo zurück. „Studierst du noch so eifrig wie vor zwanzig Jahren?"
„Nein, das ist jetzt vorbei", sagte Alfred. „Das brauchte ich ja nur für die Prüfung, damit ich als
5 Korrespondent anfangen konnte." Hugo schlug mit der Hand durch die Luft. „Korrespondent! Die richtig Schlauen verdienen ihr Geld auf andere Weise."
„Ich weiß", sagte Alfred demütig. „Du warst uns ja immer überlegen, schon auf der Schule. Alles wusstest du besser als wir ... Aber ich habe es trotzdem geschafft. Nach ein paar Jahren wurde ich Abteilungsleiter ..." „Hahaha", lachte Hugo. „Abteilungsleiter! So ein besserer Name für Bürovorsteher, nicht wahr?"
10 Alfred lachte mit. „Na ja. Von deinem hohen Standpunkt aus, da magst du wohl Recht haben. Aber so konnte ich Geld zurücklegen und machte dann einen kleinen Laden auf."
„Einen kleinen Laden!", schrie Hugo belustigt. „So ein Quatsch! In einem kleinen Geschäft kannst du zeitlebens rumkrebsen, ohne es zu etwas zu bringen."
„Bei mir hat es aber doch geklappt", sagte Alfred vergnügt. „Ich habe noch drei Läden dazugekauft und
15 dann bin ich bei den Plutus-Werken mit eingestiegen."
Hugo röchelte vor Lachen. „So ein Trottel!", grölte er. „Bei den Plutus-Werken! Die ziehen dir als kleinem Teilhaber natürlich das Fell über die Ohren! So dumm kannst auch nur du sein. Statt froh zu sein, dass du bisher Glück gehabt hast."
„Du hast wie immer Recht", sagte Alfred bewundernd. „Die Gefahr bestand schon – aber jetzt bin ich
20 Alleininhaber der Plutus-Werke." Hugo verschluckte sich. „Dir kann keiner helfen", sagte er endlich mühsam. „Da sind die anderen also rechtzeitig abgesprungen, bevor der große Krach kommt! So was wie die Plutus-Werke, das muss doch eingehen. Schade um dein schönes Geld!" Er winkte ab. „Aber ich muss jetzt weiter. Geschäfte, Geschäfte! Immer mit Schwung, immer auf und ab, hinauf in den Himmel – zurück zur festen Erde – und wieder in den Himmel! Nur so macht mir das Leben Spaß! Adjüs!"
25 An der großen Schiffschaukel erwartete ihn schon der Besitzer. „Hugo, du alter Knallkopp!", brüllte er. „Wo bleibst du so lange? Ich hab dich fürs Bremsen engagiert und nicht fürs Spazierengehen. Sonst fliegste! Verstanden?!"
Hugo stolperte zum nächsten Hebel und legte sich mit seinem ganzen Gewicht drauf, und die erste Schiffschaukel stand.
30 Als er einmal aufblickte, sah er auf der Straße einen großen Wagen vorbeifahren, vorne ein Chauffeur, hinten Alfred in die Polster zurückgelehnt. „Menschenskind, einen Drei-Liter-Wagen hat er", murmelte Hugo und lachte kurz auf. „Bei den Steuern, da macht ihn der Wagen bald Pleite! Da hätt' ich mir was anderes angeschafft!" Und während er die nächste Schaukel zum Stehen brachte, murmelte er noch einmal kopfschüttelnd vor sich hin: „So ein Trottel ...!"

Aus: Wohnen im eigenen Heim. Zeitschrift der BHW, 3/1977

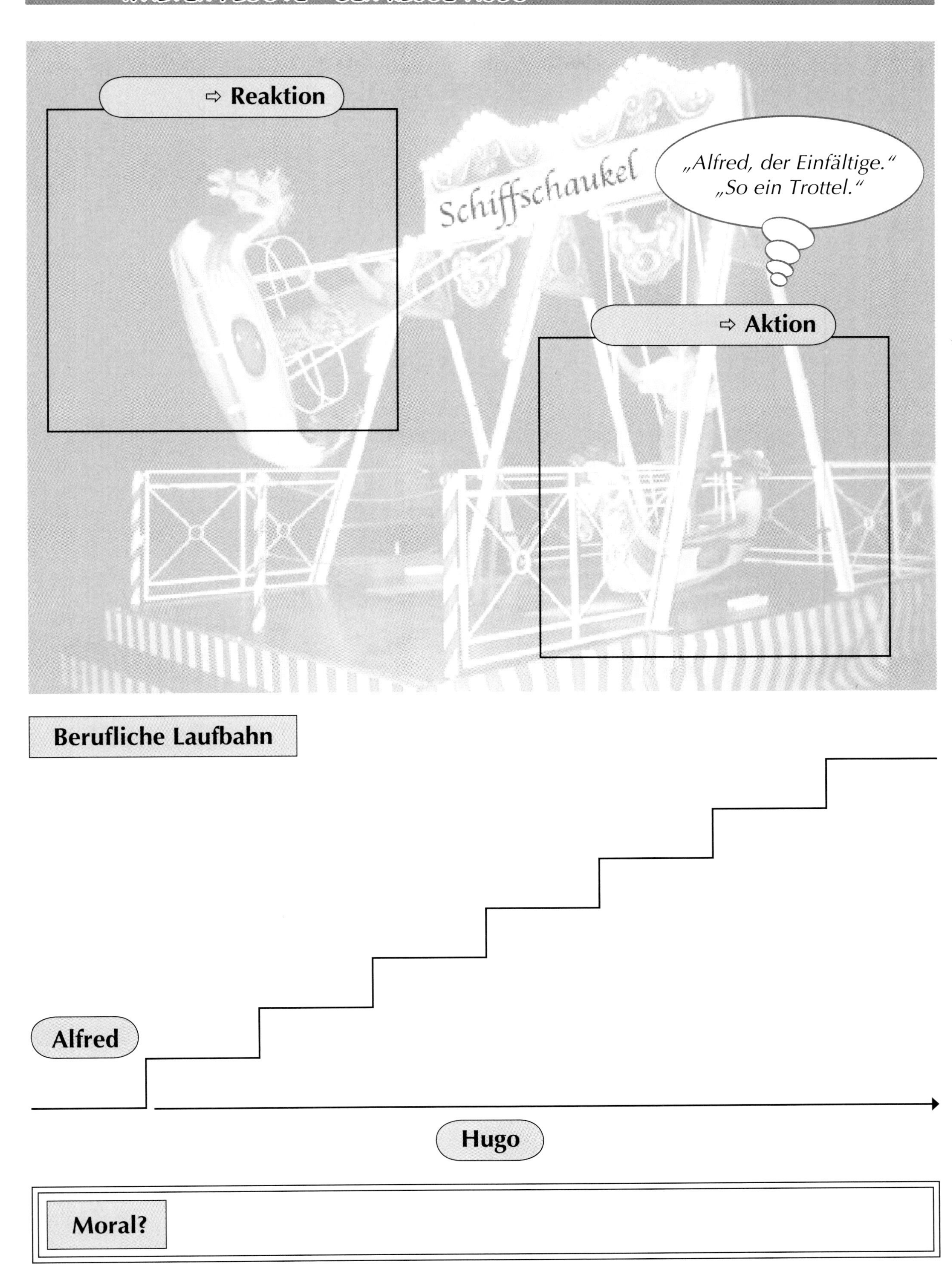
⇨ Reaktion
Schiffschaukel
„Alfred, der Einfältige.“
„So ein Trottel.“
⇨ Aktion
Berufliche Laufbahn
Alfred
Hugo
Moral?

Die Kurzgeschichte „Der kluge Hugo" von Walter Floote eignet sich gut zur Personenbeschreibung, besonders hinsichtlich der Charakterisierung von Menschen.
Als Vorbereitung auf die Interpretation von Prosatexten erweist es sich als sinnvoll, die Betrachtung und Analyse literarischer Figuren intensiv zu thematisieren:
Alter, Beruf, Lebensumstände, Aussehen, Charakter, Beziehung untereinander sollen im Text erkannt und darüber hinaus abstrakt beschrieben werden, indem nicht nur die im Text genannten Eigenschaften herausgesucht werden; hier wird insbesondere die Fähigkeit geschult, Verhaltensweisen als menschliche Eigenschaften zu entlarven und Synonyme zu finden, die diese adäquat beschreiben.
Um die Stellung der beiden Sprechenden visuell darzustellen, ist auf dem Arbeitsblatt eine Schiffschaukel abgebildet, in die die Schüler die Eigenschaften der Figuren einzutragen haben. Auch ein Raster, mit dessen Hilfe die beruflichen Laufbahnen der beiden gegenübergestellt werden können, findet sich hier.
Anschließend ist eine Inhaltsangabe zu verfassen. Das ist insofern lohnend, als die Geschichte nur aus einem Dialog besteht, kaum Erzähltext vorhanden ist, und die Schüler nicht der Gefahr unterliegen, vollständige Sätze zu übernehmen oder zu verkürzen, ohne individuell zu formulieren.

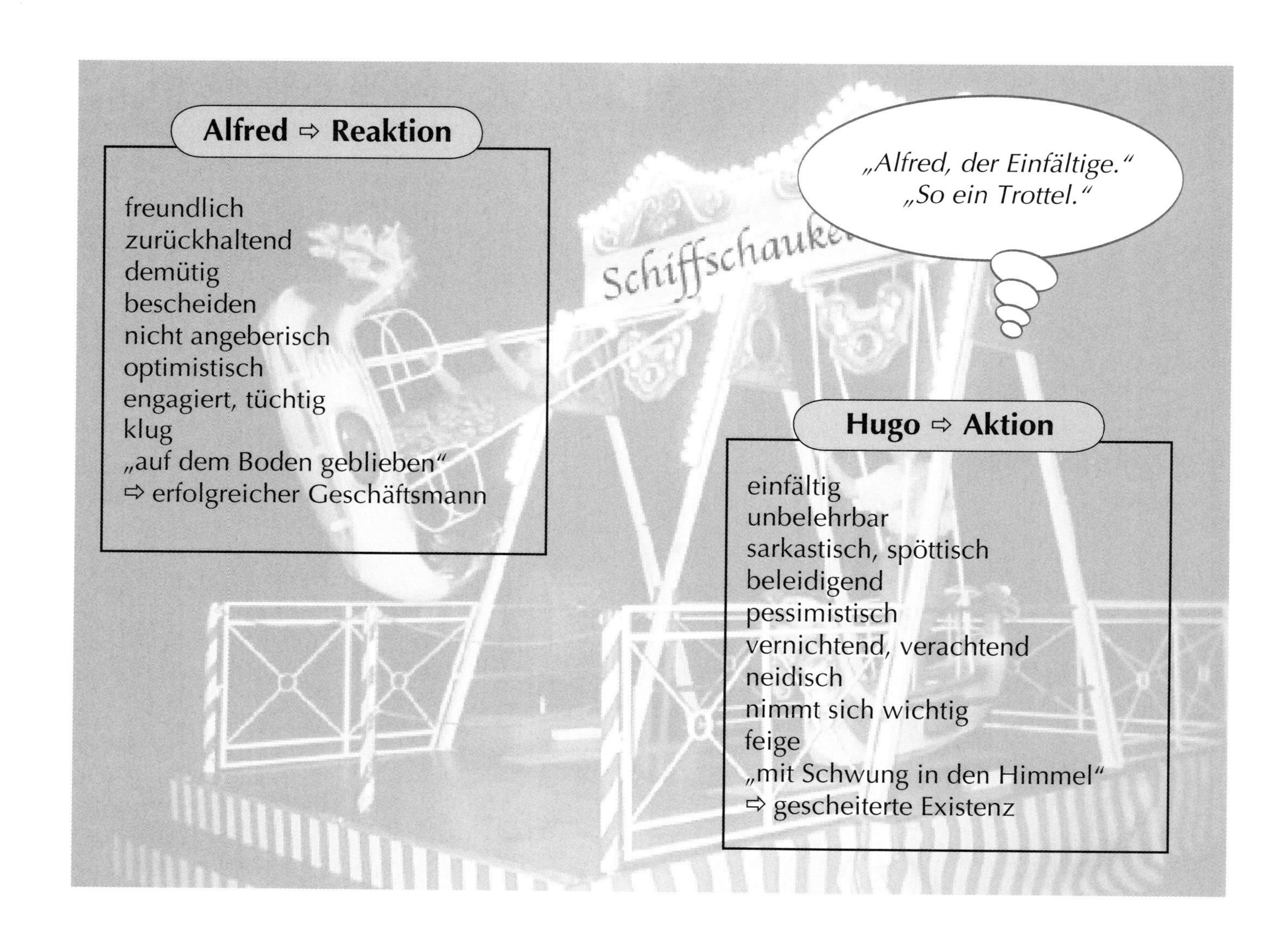

Mögliche Inhaltsangabe:

In der Kurzgeschichte „Der kluge Hugo" geht es um das Treffen zweier ehemaliger Klassenkameraden und deren berufliche Laufbahn.
Während der sogenannte ‚kluge Hugo' vorgibt, es besonders weit gebracht zu haben, schildert Alfred auf Hugos Nachfrage seinen beruflichen Werdegang, der ihn zum Alleininhaber eines großen Konzerns gemacht hat. Hugo, noch immer überzeugt von seiner Überlegenheit, macht alles lächerlich und zunichte, was Alfred anführt. Und auch am Ende, als klar wird, dass Hugo der Bremser der Schiffschaukel ist, also Gelegenheitsarbeiter, gibt dieser nicht klein bei und beschimpft den wegfahrenden Alfred immer noch als ‚Trottel'.
Floote stellt in sehr übertriebener Art und Weise dar, wie unbelehrbar manche Menschen sind.
Zusammenfassend könnte man zu der Geschichte des ‚klugen Hugo' sagen: Dummheit und Stolz wachsen auf einem Holz.

Man könnte hinzufügen:

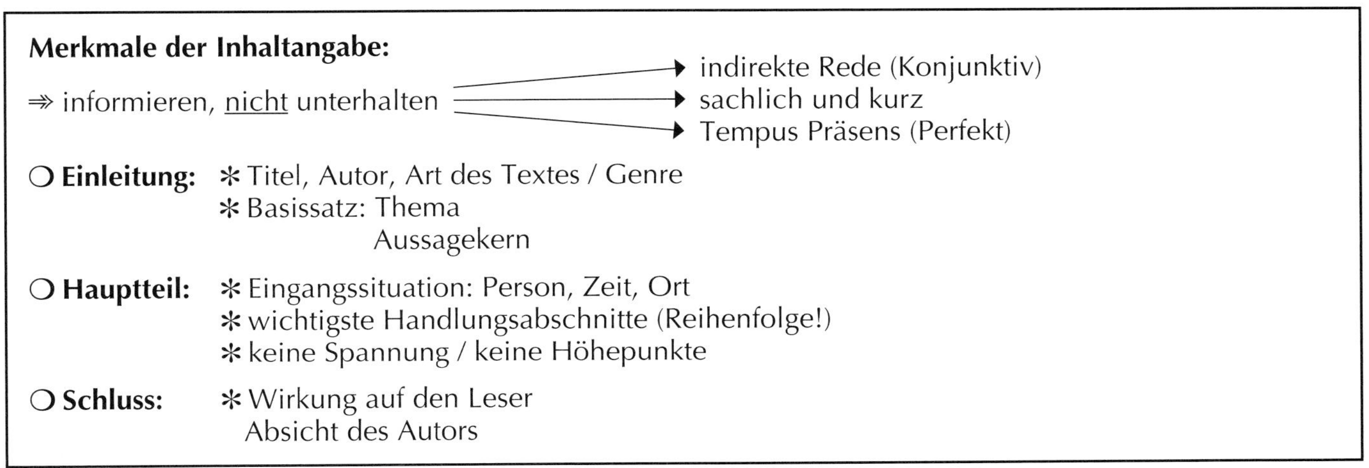
Merkmale der Inhaltangabe:

⇛ informieren, nicht unterhalten → indirekte Rede (Konjunktiv) / sachlich und kurz / Tempus Präsens (Perfekt)

❍ **Einleitung:** ✻ Titel, Autor, Art des Textes / Genre
✻ Basissatz: Thema
Aussagekern

❍ **Hauptteil:** ✻ Eingangssituation: Person, Zeit, Ort
✻ wichtigste Handlungsabschnitte (Reihenfolge!)
✻ keine Spannung / keine Höhepunkte

❍ **Schluss:** ✻ Wirkung auf den Leser
Absicht des Autors

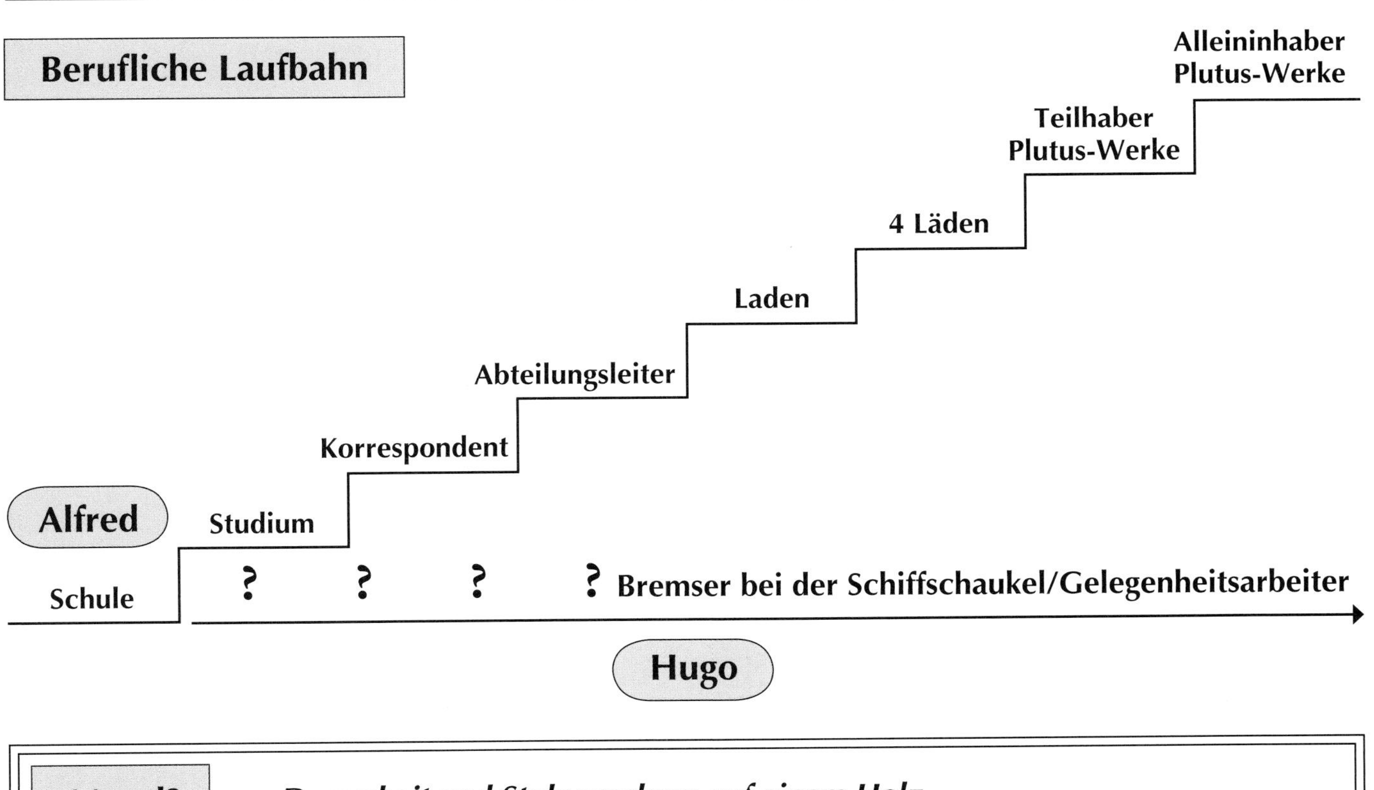

Moral? ***Dummheit und Stolz wachsen auf einem Holz.***

1. *Erstelle mit deinen Klassenkameraden ein Cluster zum Thema ‚Gewalt'. Tausche dich mit den anderen über das Thema aus und überlege, in welcher Form Gewalt an deiner Schule zu finden ist.*
2. *Lies anschließend die Geschichte „Nicht alles gefallen lassen" von Gerhard Zwerenz und bearbeite das Arbeitsblatt.*
3. *Nun sollten verschiedene Gruppen ein Rollenspiel aus der Handlung der Geschichte machen. Um es besser vorspielen zu können, ist es wichtig, die Dialoge zu verfassen und zu dem jeweiligen Verhalten der Personen auch kurze Anmerkungen aufzuschreiben.*

Gerhard Zwerenz

Nicht alles gefallen lassen ...

Wir wohnten im dritten Stock mitten in der Stadt und haben uns nie etwas zuschulden kommen lassen, auch mit Dörfelts von gegenüber verband uns eine jahrelange Freundschaft, bis die Frau sich kurz vor dem Fest unsre Bratpfanne auslieh und nicht zurückbrachte. Als meine Mutter dreimal vergeblich gemahnt hatte, riss ihr eines Tages die Geduld und sie sagte auf der Treppe zu
5 Frau Muschg, die im vierten Stock wohnt, Frau Dörfelt sei eine Schlampe.
Irgendwer muss das den Dörfelts hinterbracht haben. Denn am nächsten Tag überfielen Klaus und Achim unsern Jüngsten, den Hans, und prügelten ihn windelweich.
Ich stand grad im Hausflur, als Hans ankam und heulte. In diesem Moment trat Frau Dörfelt drüben aus der Haustür, ich lief über die Straße, packte ihre Einkaufstasche und stülpte sie ihr
10 über den Kopf. Sie schrie aufgeregt um Hilfe, als sei sonst was los, dabei drückten sie nur die Glasscherben etwas auf den Kopf, weil sie ein paar Milchflaschen in der Tasche gehabt hatte. Vielleicht wäre die Sache noch gut ausgegangen, aber es war just um die Mittagszeit, und da kam Herr Dörfelt mit dem Wagen angefahren.
Ich zog mich sofort zurück, doch Elli, meine Schwester, die mittags zum Essen heimkommt, fiel
15 Herrn Dörfelt in die Hände. Er schlug ihr ins Gesicht und zerriss dabei ihren Rock. Das Geschrei lockte unsre Mutter ans Fenster, und als sie sah, wie Herr Dörfelt mit Elli umging, warf unsre Mutter mit Blumentöpfen nach ihm. Von Stund an herrschte erbitterte Feindschaft zwischen den Familien.
Weil wir nun Dörfelts nicht über den Weg trauten, installierte Herbert, mein ältester Bruder, der
20 bei einem Optiker in die Lehre geht, ein Scherenfernrohr am Küchenfenster. Da konnte unsre Mutter, waren wir andern alle unterwegs, die Dörfelts beobachten. Augenscheinlich verfügten diese über ein ähnliches Instrument, denn eines Tages schossen sie von drüben mit einem Luftgewehr herüber. Ich erledigte das feindliche Fernrohr dafür mit einer Kleinkaliberbüchse, an diesem Abend ging unser Volkswagen unten im Hof in die Luft.
25 Unser Vater, der als Oberkellner im hoch renommierten Café Imperial arbeitete, nicht schlecht verdiente und immer für den Ausgleich eintrat, meinte, wir sollten uns jetzt an die Polizei wenden.
Aber unserer Mutter passte das nicht, denn Frau Dörfelt verbreitete in der ganzen Straße, wir, das heißt, unsre gesamte Familie, seien derart schmutzig, dass wir mindestens zweimal jede
30 Woche badeten und für das hohe Wassergeld, das die Mieter zu gleichen Teilen zahlen müssen, verantwortlich wären.
Wir beschlossen also, den Kampf aus eigner Kraft in aller Härte aufzunehmen, auch konnten wir nicht mehr zurück, verfolgte doch die gesamte Nachbarschaft gebannt den Fortgang des Streites.

Am nächsten Morgen schon wurde die Straße durch ein mörderisches Geschrei geweckt.
35 Wir lachten uns halbtot. Herr Dörfelt, der früh als erster das Haus verließ, war in eine tiefe Grube gefallen, die sich vor der Haustüre erstreckte.
Er zappelte ganz schön in dem Stacheldraht, den wir gezogen hatten, nur mit dem linken Bein zappelte er nicht, das hielt er fein still, das hatte er sich gebrochen. Bei alledem konnte der Mann noch von Glück sagen – denn für den Fall, dass er die Grube bemerkt und umgangen hätte, war
40 der Zünder einer Plastikbombe mit dem Anlasser seines Wagens verbunden. Damit ging kurze Zeit später Klunker-Paul, ein Untermieter von Dörfelts, hoch, der den Arzt holen wollte. Es ist bekannt, dass die Dörfelts leicht übelnehmen. So gegen zehn Uhr begannen sie unsre Hausfront mit einem Flakgeschütz zu bestreichen. Sie mussten sich erst einschießen, und die Einschläge befanden sich nicht alle in der Nähe unserer Fenster.
45 Das konnte uns nur recht sein, denn jetzt fühlten sich auch die anderen Hausbewohner geärgert, und Herr Lehmann, der Hausbesitzer, begann um den Putz zu fürchten. Eine Weile sah er sich die Sache noch an, als aber zwei Granaten in seiner guten Stube krepierten, wurde er nervös und übergab uns den Schlüssel zum Boden.
Wir robbten sofort hinauf und rissen die Tarnung von der Atomkanone.
50 Es lief alles wie am Schnürchen, wir hatten den Einsatz oft genug geübt, die werden sich jetzt ganz schön wundern, triumphierte unsre Mutter und kniff als Richtkanonier das rechte Auge fachmännisch zusammen. Als wir das Rohr genau auf Dörfelts Küche eingestellt hatten, sah ich drüben gegenüber im Bodenfenster ein gleiches Rohr blinzeln, das hatte freilich keine Chance mehr, Elli, unsre Schwester, die den Verlust ihres Rockes nicht verschmerzen konnte, hatte
55 zornroten Gesichts das Kommando „Feuer!“ erteilt. Mit einem unvergesslichen Fauchen verließ die Atomgranate das Rohr, zugleich fauchte es auch auf der Gegenseite. Die beiden Geschosse trafen sich genau in der Straßenmitte. Natürlich sind wir nun alle tot, die Straße ist hin und wo unsre Stadt früher stand, breitet sich jetzt ein graubrauner Fleck aus.
Aber eins muss man sagen, wir haben das Unsre getan, schließlich kann man sich nicht alles
60 gefallen lassen. Die Nachbarn tanzen einem sonst auf der Nase herum.

Aus: Gesänge aus dem Markt. Phantastische Geschichten und Liebeslieder. München (Goldmann), 1979

„Nicht alles gefallen lassen ...“

Problematik / Thematik

____

____

____

Personen, die die Handlung tragen

__________________________ __________________________

__________________________ __________________________

__________________________ __________________________

Ort / Zeit

____

____

Bildliche Darstellung der Situation & Handlungsabfolge

Bratpfanne ausgeliehen

Bratpfanne nicht zurückgegeben

In Klasse 8 ist das Drama zum ersten Mal in größerem Umfang Thema. Die Schüler werden an das Genre herangeführt, indem sie die Kriterien kennen lernen, die ein Theaterstück ausmachen, darüber hinaus aber auch lernen, mit Literatur umzugehen und umfangreichere Texte in Form von Dialogen bzw. Monologen ansatzweise zu interpretieren. Es ist das Ziel, die eigenständige Herangehensweise zu fördern und den Schülern einen Erzähltext zu bieten, an dem sie selbst auf die das Drama ausmachenden Merkmale stoßen.
Der Text „Nicht alles gefallen lassen" von Gerhard Zwerenz bietet in Verbindung mit der Aufgabe, ein Rollenspiel vorzubereiten und auch schriftlich zu verfassen, eine ergiebige Grundlage, sich sowohl reflektiert und schriftlich fixiert als auch spielerisch, in Form einer Präsentation des Rollenspiels, dem Genre des Dramas anzunähern.
+ Text erschließen – in vorgegebener Struktur erfassen / bildlich visualisieren
+ Text inhaltlich umsetzen – Rollenspiel vorbereiten
+ Genre Drehbuch / Drama umsetzen (Dialoge, Regieanweisungen, Bühnenbild, Requisiten, ...)

Problematik / Thematik
Streit zwischen benachbarten Familien
Konflikt zwischen Nachbarn
Nachbarschaftskrieg

Personen, die die Handlung tragen

Ich-Erzähler	Frau Dörfelt
Mutter, Vater	Herr Dörfelt
Herbert, Elli, Hans	Achim, Klaus

Ort / Zeit
Zeit = heute (nicht präzisiert)
könnte sich überall und zu jeder Zeit abspielen

Bildliche Darstellung der Situation & Handlungsabfolge

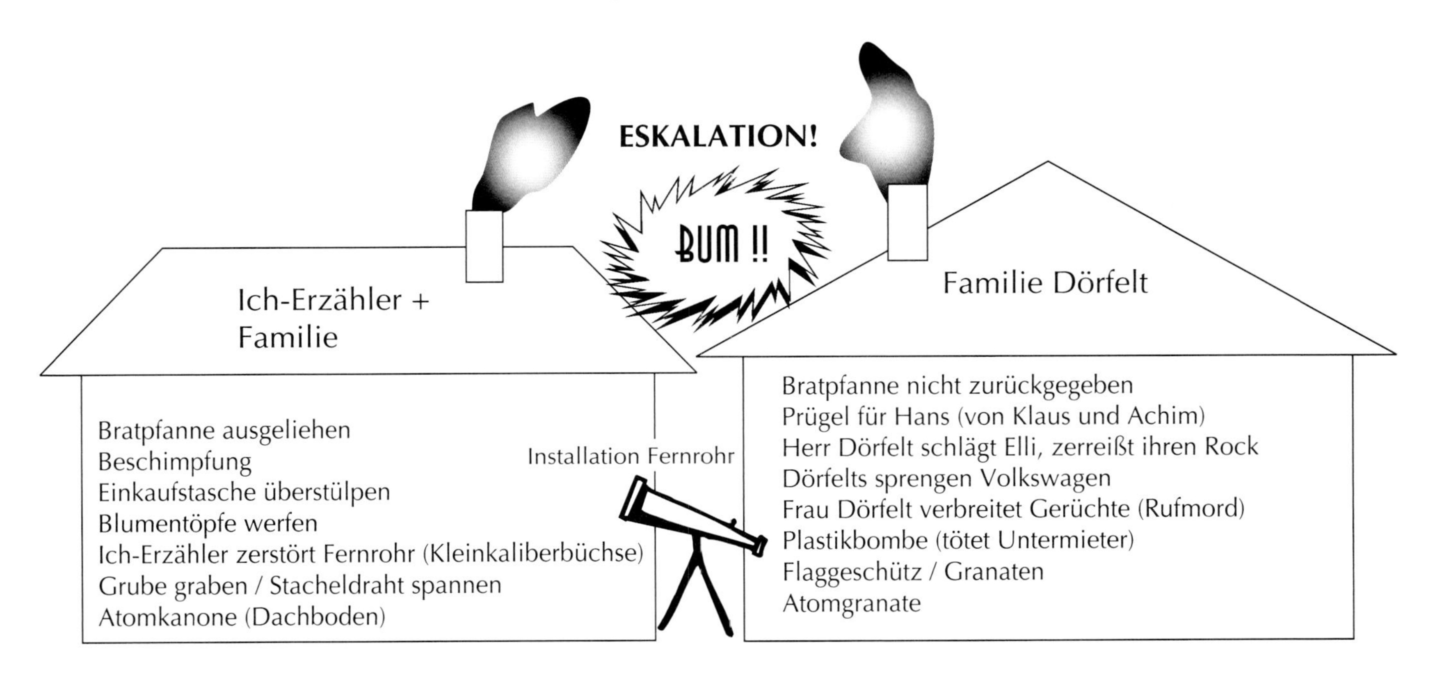

Szene 1

Die Bratpfanne

Frau Städtle: *(erbost)* Ach, die Dörfelt, diese Schlampe! Letztes Jahr zum Straßenfest hab' ich ihr meine BESTE Bratpfanne ausgeliehen, und 'se hat se immer noch nicht z'rück g'bracht.

Frau Muschg: *(schleimig)* Ja, da bin ich ganz Ihrer Meinung! Wenn ich bei denen als schon in d' Wohnung schau', da schaut's aus wie bei Hempels unterm Sofa!

(Frau Muschg läuft zu Frau Dörfelt und erzählt ihr alles brühwarm)

Frau Muschg: Ach, hallo Frau Dörfelt.

Frau Dörfelt: Guten Tag, Frau Muschg.

Frau Muschg: *(tratschig)* Also, diese Frau Städtle! Immer muss sie über alle herzieh'n! Heut' hab ich se' wieder im Treppenhaus g'troffen und nun raten se mal, was se' g'sagt hat ... sie meinte, SIE wären eine Schlampe!

Frau Dörfelt: *(empört)* Nein!

Frau Muschg: Doch!

Frau Dörfelt: *(wütend)* Oh! Das beruht auf Gegenseitigkeit.

Szene 2

Die Prügelei

Klaus Dörfelt: *(raufsüchtig)* Da is' ja die kleine Städtler-Ratte!

Achim Dörfelt: *(wütend)* Ja, den prügeln wir jetzt windelweich!

Hans Städtler: *(ängstlich)* Hilfe! Erbarmen!
(Klaus und Achim gehen auf Hans los)

Hans Städtler: *(erbarmungs-würdig)* Gnade!

(Klaus und Achim machen einfach weiter)
(Achim und Klaus gehen weg, Hans läuft weinend fort)

Szene 3

Die Einkaufstasche

Hans Städtler: *(weinend)* Die zwei Dörfelts haben mich verhau'n!

(Frau Dörfelt kommt mit einer Tasche)
(Hubert entreißt ihr die Tasche und stülpt sie ihr über den Kopf)

Frau Dörfelt: *(empört)* Hilfe, Hilfe! Der iss verrückt geworden!

Hubert Städtler: Hahahahah! Das war für Hans!

Frau Dörfelt: Hilfe!!

(Herr Dörfelt kommt gelaufen, Huber rennt weg und Herr Dörfelt nimmt die Tüte)

Herr Dörfelt: *(wütend)* Du verfluchter Satansbraten von einem Städtler,
wenn ich den verwisch, dann setzts was!

Szene 4

Rock zerreißen

(Elli steht auf dem Hof, Herr Dörfelt kommt gerannt und schlägt sie)

Elli Städtler: *(schreit laut)* AUA!

(Herr Dörfelt zerreißt Elli den Rock)

Frau Städtler: *(wütend)* Sie Schwerenöter, Sie! Lassen Sie ihre Drecksgriffel von meiner Tochter!

(Frau Städtler wirft einen Blumentopf nach Herrn Dörfelt)

Szene 5 **Das Fernrohr**

Herbert Städtler: *(eifrig)* Ich hab von meinem Chef, dem Optiker, an Fernrohr mit g'bracht, dann kannst du, Mutter, die Dörfelts-Bande immer beobacht'n!

Frau Städtler: *(erschrocken)* Oh, Herbert, die ham'ja auch so'n Ding! – Oh Hilfe, die schieß'n auf uns!!

(Herbert schießt zurück)

Pause: *Auto wird hingestellt*

(Auto geht „in die Luft")

Frau Städtler: *(erschrocken)* Ah, die ham unser Auto g'sprengt!

Szene 6 **Familienschmutz**

Frau Dörfelt: Die Städtler, die sind so schmutzig, bei denen muss jeder zweimal in d'r Woche baden und deshalb sind unsere Wasserrechnungen auch immer so hoch!

Leute: *Pflichten bei.*

Szene 7 **Grubenfall**

(Herr Dörfelt fällt in eine imaginäre Grube)

Herr Dörfelt: Aua, ich hab mir mein Bein gebrochen.

Szene 8 **Autobombe**

Klunker Paul: Ich hole einen Arzt.

(Das Auto mit Klunker Paul geht hoch)

Herr Städtler: Mist, jetzt hat die Autobombe den Falschen erwischt!

Szene 9 **Der Schlüssel für den Boden**

Frau Städtler: Hilfe! Diese Spinner schießen mit einem Flakgeschütz auf uns!

Herr Lehmann: Mir reicht's jetzt! In meiner Guten Stube sind zwei Handgranaten krepiert! Hier haben Sie den Schlüssel zum Boden, machen Sie dem ein Ende!

Szene 10 **Angriff!**

Herr Städtler und Elli robben und Herr Städtler nimmt die „Atomkanone" und legt an.

Elli Städtler: Und nun, im Namen meines Rockes, FEUER!

Herr Städtler schießt.
Herr Dörfelt schießt zurück.

Szene 11 **Tod**

Alle liegen tot da, Herbert erhebt sich und sagt:

Herbert Städtler: Nun sind wir alle tot und unsere Stadt ist nur noch ein großer, grauer Krater.

Autor: Andreas Nörr et. al. (1997)

1. *Lies den Text und streiche in zwei verschiedenen Farben die Gefühle und Gedanken der beiden Hauptfiguren Heinz und Marcel an.*
Male ein ***fishbone*** *und trage Informationen zu folgenden Punkten zusammen:*
Verhalten – Charakter – Gefühle / Gedanken zu Heinz und zu Marcel.

2. *Visualisiere die Reaktionen und Gedanken von Heinz auf die Situation, indem du vor allem seine sehr unterschiedlichen Gefühle herausarbeitest.*

3. *Versetze dich in die Lage von Marcel: Suche dir eine konkrete Situation im Handlungsverlauf aus und verfasse einen inneren Monolog aus der Perspektive des Farbigen.*

Federica de Cesco

Spaghetti für zwei

Heinz war bald vierzehn und fühlte sich sehr cool. In der Klasse und auf dem Fußballplatz hatte er das Sagen. Aber richtig schön würde das Leben erst werden, wenn er im nächsten Jahr seinen Töff bekam und den Mädchen zeigen konnte, was für ein Kerl er war. Er mochte Monika, die Blonde mit den langen Haaren aus der Parallelklasse, und ärgerte sich über seine entzündeten Pickel, die
5 er mit schmutzigen Nägeln ausdrückte. Im Unterricht machte er gerne auf Verweigerung. Die Lehrer sollten bloß nicht auf den Gedanken kommen, dass er sich anstrengte.
Mittags konnte er nicht nach Hause, weil der eine Bus zu früh, der andere zu spät abfuhr. So aß er im Selbstbedienungsrestaurant, gleich gegenüber der Schule. Aber an manchen Tagen sparte er lieber das Geld und verschlang einen Hamburger an der Stehbar. Samstags leistete er sich
10 dann eine neue Kassette, was die Mutter natürlich nicht wissen durfte. Doch manchmal – so wie heute – hing ihm der Big Mac zum Hals heraus. Er hatte Lust auf ein richtiges Essen. Einen Kaugummi im Mund stapfte er mit seinen Cowboy-Stiefeln die Treppe zum Restaurant hinauf. Die Reißverschlüsse seiner Lederjacke klimperten bei jedem Schritt. Im Restaurant trafen sich Arbeiter aus der nahen Möbelfabrik, Schüler und Hausfrauen mit Einkaufstaschen und kleinen
15 Kindern, die Unmengen Cola tranken, Pommes Frites verzehrten und fettige Fingerabdrücke auf den Tischen hinterließen.
Viel Geld wollte Heinz nicht ausgeben; er sparte es lieber für die nächste Kassette. „Italienische Gemüsesuppe“ stand im Menü. Warum nicht? Immer noch seinen Kaugummi mahlend nahm Heinz ein Tablett und stellte sich an. Ein schwitzendes Fräulein schöpfte die Suppe aus einem
20 dampfenden Topf. Heinz nickte zufrieden. Der Teller war ganz ordentlich voll. Eine Schnitte Brot dazu, und er würde bestimmt satt.
Er setzte sich an einen freien Tisch, nahm den Kaugummi aus dem Mund und klebte ihn unter den Stuhl. Da merkte er, dass er den Löffel vergessen hatte. Heinz stand auf und holte sich einen. Als er zu seinem Tisch zurückstapfte, traute er seinen Augen nicht: Ein Schwarzer saß an seinem
25 Platz und aß seelenruhig seine Gemüsesuppe!
Heinz stand mit seinem Löffel fassungslos da, bis ihn die Wut packte. Zum Teufel mit diesen Asylbewerbern! Der kam irgendwo aus Uagadugu, wollte sich in der Schweiz breitmachen, und jetzt fiel ihm nichts Besseres ein, als ausgerechnet seine Gemüsesuppe zu verzehren! Schon möglich, dass sowas den afrikanischen Sitten entsprach, aber hierzulande war das eine bodenlose
30 Unverschämtheit! Heinz öffnete den Mund, um dem Menschen lautstark seine Meinung zu sagen, als ihm auffiel, dass die Leute ihn komisch ansahen. Heinz wurde rot. Er wollte nicht als Rassist gelten. Aber was nun?
Plötzlich fasste er einen Entschluss. Er räusperte sich vernehmlich, zog einen Stuhl zurück und

setzte sich dem Schwarzen gegenüber. Dieser hob den Kopf, blickte ihn kurz an und schlürfte ungestört die Suppe weiter. Heinz presste die Zähne zusammen, dass seine Kinnbacken schmerzten. Dann packte er energisch den Löffel, beugte sich über den Tisch und tauchte ihn in die Suppe. Der Schwarze hob abermals den Kopf. Sekundenlang starrten sie sich an. Heinz bemühte sich, die Augen nicht zu senken. Er führte mit leicht zitternder Hand den Löffel zum Mund und tauchte ihn zum zweiten Mal in die Suppe. Seinen vollen Löffel in der Hand fuhr der Schwarze fort, ihn stumm zu betrachten. Dann senkte er die Augen auf seinen Teller und aß weiter. Eine Weile verging. Beide teilten sich die Suppe, ohne dass ein Wort fiel. Heinz versuchte nachzudenken. „Vielleicht hat der Mensch kein Geld, muss schon tagelang hungern. Dann sah er die Suppe da stehen und bediente sich einfach. Schon möglich, wer weiß? Vielleicht würde ich mit leerem Magen ähnlich reagieren? Und Deutsch kann er anscheinend auch nicht, sonst würde er da nicht sitzen wie ein Klotz. Ist doch peinlich. Ich an seiner Stelle würde mich schämen. Ob Schwarze wohl rot werden können?“

Das leichte Klirren des Löffels, den der Afrikaner in den leeren Teller legte, ließ Heinz die Augen heben. Der Schwarze hatte sich zurückgelehnt und sah ihn an. Heinz konnte seinen Blick nicht deuten. In seiner Verwirrung lehnte er sich ebenfalls zurück. Schweißtropfen perlten auf seiner Oberlippe, sein Pulli juckte, und die Lederjacke war verdammt heiß! Er versuchte, den Schwarzen abzuschätzen. Junger Kerl. Etwas älter als ich. Vielleicht sechzehn oder sogar schon achtzehn. Normal angezogen: Jeans, Pulli, Windjacke. Sieht eigentlich nicht wie ein Obdachloser aus. Immerhin, der hat meine Suppe aufgegessen und sagt nicht einmal danke! Verdammt, ich habe noch Hunger.

Der Schwarze stand auf. Heinz blieb der Mund offen. „Haut der tatsächlich ab? Jetzt ist aber das Maß voll! So eine Frechheit! Der soll mir wenigstens die halbe Gemüsesuppe bezahlen!“ Er wollte aufspringen und Krach schlagen. Da sah er, wie sich der Schwarze mit einem Tablett in der Hand wieder anstellte. Heinz fiel unsanft auf seinen Stuhl zurück und saß da wie ein Ölgötze. „Also doch: Der Mensch hat Geld! Aber bildet der sich vielleicht ein, dass ich ihm den zweiten Gang bezahle?“

Heinz griff hastig nach seiner Schulmappe. „Bloß weg von hier, bevor er mich zur Kasse bittet! Aber nein, sicherlich nicht. Oder doch?“

Heinz ließ die Mappe los und kratzte nervös an einem Pickel. Irgendwie wollte er wissen, wie es weiterging.

Der Schwarze hatte einen Tagesteller bestellt. Jetzt stand er vor der Kasse und – wahrhaftig – er bezahlte!

Heinz schniefte. „Verrückt!“ dachte er. „Total gesponnen!“

Da kam der Schwarze zurück. Er trug das Tablett, auf dem ein großer Teller Spaghetti stand, mit Tomatensauce, vier Fleischbällchen und zwei Gabeln. Immer noch stumm setzte er sich Heinz gegenüber, schob den Teller in die Mitte des Tisches, nahm eine Gabel und begann zu essen, wobei er Heinz ausdruckslos in die Augen schaute. Heinz’ Wimpern flatterten. Heiliger Strohsack! Dieser Typ forderte ihn tatsächlich auf, die Spaghetti mit ihm zu teilen! Heinz brach der Schweiß aus. Was nun? Sollte er essen? Nicht essen? Seine Gedanken überstürzten sich. Wenn der Mensch doch wenigstens reden würde! „Na gut. Er aß die Hälfte meiner Suppe, jetzt esse ich die Hälfte seiner Spaghetti, dann sind wir quitt!“ Wütend und beschämt griff Heinz nach der Gabel, rollte die Spaghetti auf und steckte sie in den Mund. Schweigen. Beide verschlangen die Spaghetti. „Eigentlich nett von ihm, dass er mir eine Gabel brachte“, dachte Heinz. „Da komme ich noch zu einem guten Spaghettiessen, das ich mir heute nicht geleistet hätte. Aber was soll ich jetzt sagen? Danke? Saublöde! Einen Vorwurf machen kann ich ihm auch nicht mehr. Vielleicht hat er gar nicht gemerkt, dass er meine Suppe aß. Oder vielleicht ist es üblich in Afrika, sich das Essen zu teilen? Schmecken gut, die Spaghetti. Das Fleisch auch. Wenn ich nur nicht so schwitzen würde!“ Die Portion war sehr reichlich. Bald hatte Heinz keinen Hunger mehr. Dem Schwarzen ging es ebenso. Er legte die Gabel aufs Tablett und putzte sich mit der Papierserviette den Mund ab. Heinz räusperte sich und scharrte mit den Füßen. Der Schwarze lehnte sich zurück, schob die Daumen in die Jeanstaschen und sah ihn an. Undurchdringlich. Heinz kratzte sich unter dem Rollkragen, bis ihm die Haut schmerzte. „Heiliger Bimbam! Wenn ich nur wüsste, was er denkt!“ Verwirrt, schwitzend und erbost ließ er seine Blicke umherwandern. Plötzlich spürte er ein Kribbeln im Nacken. Ein Schauer jagte ihm über die Wirbelsäule von den Ohren bis ans Gesäß. Auf dem Nebentisch, an den sich bisher niemand gesetzt hatte, stand – einsam auf dem Tablett – ein Teller kalter Gemüsesuppe.

Heinz erlebte den peinlichsten Augenblick seines Lebens. Am liebsten hätte er sich in ein Mauseloch verkrochen. Es vergingen zehn volle Sekunden, bis er es endlich wagte, dem Schwarzen ins Gesicht zu sehen. Der saß da, völlig entspannt und cooler, als Heinz es je sein würde, und wippte leicht mit dem Stuhl hin und her.

„Äh ...“, stammelte Heinz, feuerrot im Gesicht. „Entschuldigen Sie bitte. Ich ...“. Er sah die Pupillen des Schwarzen aufblitzen, sah den Schalk in seinen Augen schimmern. Auf einmal warf er den Kopf zurück, brach in dröhnendes Gelächter aus. Zuerst brachte Heinz nur ein verschämtes Glucksen zustande, bis endlich der Bann gebrochen war und er aus vollem Halse in das Gelächter des Afrikaners einstimmte. Eine Weile saßen sie da, von Lachen geschüttelt. Dann stand der Schwarze auf, schlug Heinz auf die Schulter.

„Ich heiße Marcel“, sagte er in bestem Deutsch. „Ich esse jeden Tag hier. Sehe ich dich morgen wieder? Um die gleiche Zeit?“

Heinz’ Augen tränten, sein Zwerchfell glühte, und er schnappte nach Luft.

„In Ordnung!“, keuchte er. „Aber dann spendiere ich die Spaghetti!“

Aus: Federica de Cesco: Freundschaft hat viele Gesichter. Erzählungen. Stuttgart (Rex), 1986

Die Geschichte „Spaghetti für zwei“ bietet sowohl thematisch als auch formal ein großes Potential: Thematisch steht das Problem der Vorurteile und des „alltäglichen Rassismus“ im Vordergrund, formal lebt die Geschichte von der eingeschränkten Erzählperspektive und den sich daraus ergebenden Überraschungseffekten. Dass die Geschichte aus der Sicht des Jungen erzählt ist und ausschließlich seine Gedanken und Gefühle wiedergibt, ist die Basis für das überraschende und humorvolle Ende und lässt gleichzeitig eine produktive Leerstelle entstehen (die Gedanken des Farbigen), so dass auch das gestaltende Interpretieren geübt und vertieft werden kann (individuelle Schülerlösungen). Daher sollte der Text nicht vollständig gelesen werden, damit die Schüler über einen möglichen Fortgang und ein Ende spekulieren können, so z. B. durch szenisches Interpretieren. Auf diese Weise kann der Spannungsbogen des Textes produktiv genutzt werden (z. B. bis Z. 78 oder Z. 86)
Beide Figuren bieten die Möglichkeit der Perspektivenübernahme, die gerade bei dieser Thematik zur Herausbildung einer ethischen Position wichtig ist. Die Lösungsmöglichkeiten umfassen Titel für die Absätze, ein *fishbone* zu Verhalten, Charakter und Gefühle / Gedanken und eine Spirale, in der das Wechselbad der Gefühle von Heinz deutlich wird.

Lösungsmöglichkeiten:

① Titel

1–6	Der coole Heinz
7–23	Der sparsame Heinz im Restaurant
24–32	Der unverschämte Afrikaner auf Heinz‘ Platz
33–64	‚Kampf‘ um die Suppe – Löffel um Löffel
65–75	Spaghetti des Afrikaners
75–89	Gemeinsames Spaghettiessen
89–94	Heinz‘ Entdeckung: die Suppe am Nebentisch
95–104	Der lachende Afrikaner – der beschämte Heinz

③ Visualisierung

GEDANKEN KREISEN IN HEINZ' KOPF

rassistisch: wütend auf den Afrikaner, will ihn beschimpfen
verständnisvoll: sucht Gründe für dessen Verhalten
erstaunt: stellt fest, dass dieser ein Essen bezahlen kann
anerkennend: findet dessen Verhalten eigentlich nett
verständnislos: denkt, der Farbige würde wortlos gehen
beschämt: erkennt die Situation und sein Unrecht

WIE EIN WIRBELSTURM RASSISTISCHER GEFÜHLE

② fishbone

HEINZ

VERHALTEN: wütend, fordernd, starrt den Farbigen an, macht sich Gedanken, erzürnt, wortlos, beobachtend

CHARAKTER: sparsam, cool, angeberisch, ? rassistisch ?, ehrlich

GEFÜHLE/GEDANKEN: wütend, ärgerlich, unsicher, beschämt, erbost, peinlich berührt

AFRIKANER

ruhig, zurückhaltend, stumm, wortlos, starrt Heinz an, kauft noch ein Tagesessen, heftig lachend

gutmütig, verständnisvoll, ausgeglichen, entspannt, großzügig, fröhlich, offenherzig, freundlich, fröhlich

? innerer Monolog

Lies die Kurzgeschichte und nutze den Rand, um dir spontan Auffälligkeiten zu notieren. Sammle anschließend stichpunktartig, was dir allgemein zu den in der Tabelle genannten Kriterien einfällt.
In der dritten Spalte hältst du fest, was du ‚ent- bzw. aufdeckst'. Dieses Gerüst soll dir weiterhelfen, die lückenhafte Textinterpretation sinnvoll zu ergänzen.

Günther Weisenborn

Die Aussage

Als ich abends gegen zehn Uhr um mein Leben klopfte, lag ich auf der Pritsche und schlug mit dem Bleistiftende unter der Wolldecke an die Mauer. Jeden Augenblick flammte das Licht in der Zelle auf, und der Posten blickte durch das Guckloch. Dann lag ich still.
Ich begann als Eröffnung mit gleichmäßigen Takten. Er erwiderte genauso. Die Töne
5 waren fein und leise wie sehr entfernt. Ich klopfte einmal – a, zweimal – b, dreimal – c. Er klopfte unregelmäßig zurück. Er verstand nicht.
Ich wiederholte, er verstand nicht.
Ich wiederholte hundertmal, er verstand nicht. Ich wischte mir den Schweiß ab, um meine Verzweiflung zu bezwingen. Er klopfte Zeichen, die ich nicht verstand, ich klopfte
10 Zeichen, die er nicht verstand.
Ratlosigkeit.
Er betonte einige Töne, denen leisere folgten. Ob es Morse war? Ich kannte nicht Morse. Das Alphabet hat 26 Buchstaben. Ich klopfte für jeden Buchstaben die Zahl, die er im Alphabet einnahm: für h achtmal, für p sechzehnmal. Es tickten andere Takte herüber,
15 die ich nicht begriff. Es schlug zwei Uhr. Wir mussten uns unbedingt verständigen. Ich klopfte:

. = a, .. = b, ... = c

Ganz leise und fern die Antwort:

– . – . – ..

20 Keine Verständigung. In der nächsten Nacht jedoch kam es plötzlich herüber, ganz leise und sicher:

., . ., ...

Dann die entscheidenden Zeichen: zweiundzwanzig gleiche Klopftöne. Ich zählte mit; das müsste der Buchstabe V sein. Dann fünf Töne. Es folgte ein R, das ich mit atemlos kalter
25 Präzision auszählte. Danach ein S, ein T, ein E, ein H, ein E.

... verstehe ...

Ich lag starr und glücklich unter der Wolldecke. Wir hatten Kontakt von Hirn zu Hirn, nicht durch den Mund, sondern durch die Hand.
Unser Verstand hatte die schwere Zellenmauer des Gestapokellers überwunden. Ich war
30 nass vor Schweiß, überwältigt vom Kontakt. Der erste Mensch hatte sich gemeldet. Ich klopfte nichts als:

... gut ...

Es war entsetzlich kalt, ich ging den Tag etwa 20 Kilometer in der Zelle auf und ab, machte im Monat 600, in neun Monaten 5400 Kilometer, von Paris bis Moskau etwa, wartende
35 Kilometer, fröstelnd, auf mein Schicksal wartend, das der Tod sein musste. Ich wusste es, und der Kommissar hatte gesagt, dass bei mir „der Kopf nicht dran" bleiben würde. Die zweite Aussage lag eben vor, daran war nichts zu ändern. Es war nur eine Hoffnung, wenn K. diese Aussage zurücknehmen würde. In der Nacht klopfte ich ihn an:

„Du ... musst ... deine ... Aussage ... zurücknehmen ..."
40 Er klopfte zurück: „Warum?"
Ich: „Ist ... zweite ... Aussage ... gegen ... mich ... bedeutet ... Todesurteil ..."
Er: »Wusste ... ich ... nicht ...«
Ich: „Wir ... sind ... nicht ... hier ... um ... Wahrheit ... zu ... sagen ..."
Er: „Nehme ... zurück ..."
45 Ich: „Danke ..."
Er: „Morgen ..."
Ich: „Was ... brauchst ... du ...?"
Er: „Bleistift ..."
50 Ich: „Morgen ... Spaziergang ..."
Es wurde plötzlich hell. Das Auge der SS blickte herein.
Ich lag still unter der Decke. Es wurde wieder dunkel. Ich hatte Tränen in den Augen. „Nehme zurück." Das werde ich nie vergessen. Es kam ganz fein und leise taktiert durch die Wand. Eine Reihe von kaum wahrnehmbaren Tönen, und es bedeutete, dass für mich
55 die Rettung unterwegs war. Sie bestand diese Nacht nur im Gehirn eines Todeskandidaten, drüben in Zelle acht, unsichtbar, winzig. Morgen würden es oben Worte werden, dann würde es ein unterschriebenes Protokoll im Büro sein, und eines Tages würde dies alles dem Gericht vorliegen.
„Dank in die Ewigkeit, K.!"
60 Ich brach von meinem Bleistift die lange Graphitspitze ab und trug sie während des Spaziergangs bei mir. Es gingen ständig sechs Mann, immer dieselben, die ich nicht kannte, im Kreis um den engen Gestapohof.
Zurückgekehrt standen wir auf unserem Flur zu drei Mann, weit voneinander entfernt, und warteten einige Sekunden, bis der Posten uns nachkam. Ich eilte heimlich auf Zelle
65 acht zu, riss die Klappe auf, warf die Bleistiftspitze hinein, schloss die Klappe lautlos und stellte mich eilig an meinen Platz. Ich werde nie das erstaunte Aufblicken seiner sehr blauen Augen, sein bleiches Gesicht, die Hände, die gefesselt vor ihm auf dem Tisch lagen, vergessen. Der Posten kam um die Ecke. Das Herz schlug mir bis in den Hals. Wir wurden eingeschlossen.
70 Später klopfte es: „Danke ... habe ... Aussage ... zurückgenommen."
Ich war gerettet.
Vielleicht.

Aus: Memorial (Ausschnitt), München (Esch) 1947

Arbeitsschritte	Kriterien	„Die Aussage“
Einleitung	◇ ◇ ◇	
Äußere Handlung	◇ ◇ ◇ ◇ ◇	
Personenkonstellation	◇ ◇	
Innere Handlung	◇ ◇ ◇	
Form	◇ ◇ ◇ ◇	
Sprachliche Darstellungsweise	◇ ◇ ◇ ◇ ◇ ◇	
Zusammenhang zwischen Inhalt und Form?	◇ ◇	
Schluss	◇ ◇ ◇	

Erweiterte Inhaltsangabe – Textinterpretation

Günther Weisenborn

Die Aussage

Einleitung

Die Kurzgeschichte „Die Aussage" von Günther Weisenborn thematisiert die Kriegsgefangenschaft. Sie handelt von zwei Sträflingen,

kurze Inhalts-angabe

Der Leser wird unvermittelt in die Situation hineinversetzt – ein typisches Merkmal der Kurzgeschichte –, indem der personale Ich-Erzähler seine Lage schildert. Über die Umstände der Inhaftierung bzw. über das Gefängnis oder Lager erfährt der Leser so gut wie nichts. Lediglich zweimal werden SS-Wachposten erwähnt, damit der Zustand der Bewachung deutlich wird.

äußere Handlung (Situation)

innere Handlung

Unermüdlich wiederholt der Ich-Erzähler den von ihm erdachten Code, der vorsieht, die Anzahl der Klopfzeichen mit der jeweils abgezählten Stelle des Buchstaben innerhalb des Alphabets als Buchstaben zu vermitteln. Dabei schwankt seine Stimmung während dieser zwei Tage zwischen Resignation, Ermüdung und Hoffnung. Die Dringlichkeit seines Anliegens wird zwar vermittelt und durch seine unermüdlichen Versuche bestätigt, der Grund dafür aber noch nicht genannt.

erster Höhepunkt

Erzählweise

Der zweite Teil der Kurzgeschichte ist nicht mehr durch berichtende Erzählweise geprägt, sondern durch szenische Darstellung. Nachdem der Ich-Erzähler Aufschluss über sein Anliegen gegeben hat, fordert er den anderen auf, seine für ihn bedrohliche Aussage zurückzunehmen.

äußere Handlung (Dialog)

innere Handlung (innerer Monolog)

Die Übermittlung der Mitteilung wird als Dialog dargestellt und besteht daher aus einzelnen Worten, versetzt mit Punkten als bildliche Darstellung der akustischen Zeichen. Der anschließende innere Monolog vermittelt die Erleichterung und Hoffnung des Insassen, der sich gerettet fühlt, zumindest die Hoffnung auf ein Überleben hegt. Er fühlt sich dem anderen freundschaftlich verbunden, menschliche Wärme und Solidarität werden für den Leser spürbar.
In einem sehr kurzen Moment treffen sich die beiden Häftlinge und schauen sich in die Augen; dann nämlich, als der Erzähler dem anderen zum Dank die Bleistiftspitze durch die Klappe in dessen Zelle wirft. Nun haben sie auch ein Bild voneinander.

Ende/ Höhepunkt

Auffallend an dem Aufbau der Geschichte ist die Erzählzeit.

Aufbau/ Erzählzeit (Dehnung/ Raffung)

Sprache

Der durch die Lage der Häftlinge erschwerten und auf einzelne Worte reduzierten Kommunikation ist die sachliche und nüchterne Sprache angepasst. Der parataktische Satzbau wie auch die Umgangssprache spiegeln formal die inhaltliche Situation wider.

Schlusssatz

Die Kurzgeschichte „Die Aussage" verdeutlicht

Die Schüler gehen zwar schon früh mit Texten und auch deren Deutung um, allerdings zucken sie in Klasse 9 oder 10 immer noch zusammen, wenn man das Wort ‚Interpretation' erwähnt. Dass sie das Interpretieren bereits einige Jahre lang üben, ist ihnen nicht wirklich bewusst. Um die für eine erweiterte Inhaltsangabe, sprich Textinterpretation relevanten Kriterien sichtbar zu machen, wurde der Text „Die Aussage" von Günther Weisenborn ausgewählt. Formal wie inhaltlich bietet sich diese Kurzgeschichte gerade wegen ihrer ausgeprägten formalen Gestaltung und der überschaubaren Handlung als Einstieg in die Textinterpretation an. Um ein strukturiertes Beispiel durchzuarbeiten, ist zuerst eine Tabelle vorgesehen, in die alle allgemeinen Kriterien eingetragen und anschließend an der vorliegenden Kurzgeschichte erarbeitet werden. Da Schüler immer wieder konkrete Beispiele einfordern, ist vorgesehen, einen ausformulierten, aber lückenhaften Text von den Schülern ergänzen zu lassen, damit sie lernen, ihre Gedanken zu einem literarischen Text zu versprachlichen und in Form eines Aufsatzes wiederzugeben.

Arbeitsschritte	Kriterien	„Die Aussage"
Einleitung	◇ Autor, Titel ◇ Textsorte ◇ Thema, Personen	Günther Weisenborn „Die Aussage", Kurzgeschichte, Kriegsgefangenschaft zweier Männer
Äußere Handlung	◇ Ort ◇ Zeit ◇ Situation ◇ Handlungsverlauf ◇ Verhaltensweisen	Gefängniszelle zwischen 1938 und 1945, Gefängnis der Nationalsozialisten (SS), geglückte Verständigung zwischen zwei Häftlingen zwecks Entlastung und Rettung vor Todesstrafe
Personenkonstellation	◇ Hauptfiguren ◇ Art der Beziehung zueinander	Ich-Erzähler und K. nehmen Kontakt auf (Zeichen), kennen sich nicht
Innere Handlung	◇ Gedanken ◇ Gefühle ◇ Charaktermerkmale erschließen	Ich-Erzähler: ängstlich, müde und hoffnungslos ⇨ glücklich, erleichtert
Form	◇ Aufbau ◇ Spannungsverlauf ◇ Erzählperspektive ◇ Gattungsmerkmale	Erzählzeit: Zeitraffung versus -dehnung 1. Höhepunkt: ‚verstehe' 2. Höhepunkt: Rettung – ‚vielleicht' personaler Ich-Erzähler, medias in res, Ausschnitt aus einem Lebensabschnitt / offenes Ende
Sprachliche Darstellungsweise	◇ Erzählhaltung ◇ Monolog/Dialog ◇ Syntax ◇ Wortarten ◇ Stil ◇ Sprachliche Besonderheiten	Dialog und innerer Monolog, parataktischer Satzbau, sachlich und nüchtern, Umgangssprache
Zusammenhang zwischen Inhalt und Form?	◇ Ergänzung? ◇ Kontrastierung?	Dialog ist durch Zeichen und Punkte versetzt wie die Kommunikation selbst, Ohnmacht gegenüber Sprache bzw. Gestapo
Schluss	◇ Zusammenfassung ◇ Autorenintention ◇ Wirkung auf Leser	Ohnmacht der Gestapo gegenüber, Schwierigkeiten zwischenmenschlicher Kommunikation, Solidarität, menschliche Wärme

Erweiterte Inhaltsangabe (Lösungsmöglichkeit):

Günther Weisenborn

Die Aussage

Einleitung

Die Kurzgeschichte „Die Aussage" von Günther Weisenborn thematisiert die Kriegsgefangenschaft. Sie handelt von zwei Sträflingen, *die während des Zweiten Weltkrieges inhaftiert sind und von denen einer der beiden versucht, durch akustische Signale mit dem anderen zu kommunizieren.*

kurze Inhaltsangabe

Der Grund für seine Anstrengung ist eine bevorstehende Strafe, möglicherweise Todesstrafe, die durch die Aussage des Zellennachbarn gerechtfertigt werden könnte.

Der Leser wird unvermittelt in die Situation hineinversetzt – ein typisches Merkmal der Kurzgeschichte –, indem der personale Ich-Erzähler seine Lage schildert. Über die Umstände der Inhaftierung bzw. über das Gefängnis oder Lager erfährt der Leser so gut wie nichts. Lediglich zweimal werden SS-Wachposten erwähnt, damit der Zustand der Bewachung deutlich wird.

äußere Handlung (Situation)

Der Ich-Erzähler beschreibt, wie er über Klopfzeichen versucht, Kontakt mit dem Häftling in der Nebenzelle aufzunehmen. Dieser reagiert zwar mit akustischen Zeichen, hat aber scheinbar den angestrebten Code nicht verstanden. So kann kein Informationsaustausch stattfinden.

innere Handlung

Unermüdlich wiederholt der Ich-Erzähler den von ihm erdachten Code, der vorsieht, die Anzahl der Klopfzeichen mit der jeweils abgezählten Stelle des Buchstaben innerhalb des Alphabets als Buchstaben zu vermitteln. Dabei schwankt seine Stimmung während dieser zwei Tage zwischen Resignation, Ermüdung und Hoffnung. Die Dringlichkeit seines Anliegens wird zwar vermittelt und durch seine unermüdlichen Versuche bestätigt, der Grund dafür aber noch nicht genannt.

erster Höhepunkt

Als der andere Häftling erneut reagiert und dieses Mal denselben Code für die Verständigung nutzt, ist ein erster Höhepunkt auf der Spannungskurve erreicht. Die akustische Antwort „... verstehe ..." (Zeile 26) zeigt, dass nun ein gemeinsames Zeichensystem erstellt ist.

Erzählweise

Der zweite Teil der Kurzgeschichte ist nicht mehr durch berichtende Erzählweise geprägt, sondern durch szenische Darstellung. Nachdem der Ich-Erzähler Aufschluss über sein Anliegen gegeben hat, fordert er den anderen auf, seine für ihn bedrohliche Aussage zurückzunehmen.

äußere Handlung (Dialog)

Auf die Frage nach dem Grund rechtfertigt sich der Ich-Erzähler, indem er die ihm bevorstehende Todesstrafe erwähnt und betont, dass es in der aktuellen Situation nicht um die Wahrheit gehe. Die Kommunikation hat den erwünschten Erfolg: K., der andere Häftling, wird die Aussage zurücknehmen. Er erhält als Dank etwas für ihn Brauchbares, eine Bleistiftspitze.

innere Handlung (innerer Monolog)

Die Übermittlung der Mitteilung wird als Dialog dargestellt und besteht daher aus einzelnen Worten, versetzt mit Punkten als bildliche Darstellung der akustischen Zeichen. Der anschließende innere Monolog vermittelt die Erleichterung und Hoffnung des Insassen, der sich gerettet fühlt, zumindest die Hoffnung auf ein Überleben hegt. Er fühlt sich dem anderen freundschaftlich verbunden, menschliche Wärme und Solidarität werden für den Leser spürbar.

In einem sehr kurzen Moment treffen sich die beiden Häftlinge und schauen sich in die Augen; dann nämlich, als der Erzähler dem anderen zum Dank die Bleistiftspitze durch die Klappe in dessen Zelle wirft. Nun haben sie auch ein Bild voneinander.

Ende/ Höhepunkt

Die Kurzgeschichte endet damit, dass der Erzähler seiner Hoffnung auf Rettung Ausdruck verleiht, als der andere die Rücknahme durch Klopfzeichen bestätigt. Allerdings wird dieser zweite Höhepunkt und gleichzeitig das Ende durch das Wort „vielleicht“ (Zeile 72) mit einem Fragezeichen versehen. Dieser offene Schluss ist ebenfalls typisch für die Gattung der Kurzgeschichte.

Aufbau/ Erzählzeit (Dehnung/ Raffung)

Auffallend an dem Aufbau der Geschichte ist die Erzählzeit. *Während im epischen Teil die Spannung durch Zeitdehnung gesteigert wird, scheint der dialogische Teil einer Zeitraffung zu unterliegen, weil im Anschluss an den Austausch die Wiedergabe der Gedanken des Ich-Erzählers die Situation scheinbar verlängert.*

Sprache

Der durch die Lage der Häftlinge erschwerten und auf einzelne Worte reduzierten Kommunikation ist die sachliche und nüchterne Sprache angepasst. Der parataktische Satzbau wie auch die Umgangssprache spiegeln formal die inhaltliche Situation wider.

Schlusssatz

Die Kurzgeschichte „Die Aussage“ verdeutlicht *eines der Probleme während des Zweiten Weltkrieges, nämlich Gefangenschaft oder Ohnmacht der Gestapo gegenüber. Gleichzeitig macht der Autor dem Leser deutlich, welche Voraussetzungen zwischenmenschliche Kommunikation erfordert und welche Schwierigkeiten je nach situativem Kontext zu bewältigen sind, bevor eine Verständigung möglich wird.*

Korrigiere die hier vorgelegten Beispiele verschiedener Inhaltsangaben mit den dir bekannten Korrekturzeichen und entscheide dich für e i n e gute Inhaltsangabe. Stelle fest, was bei den Inhaltsangaben schief gelaufen ist bzw. welche Kriterien nicht oder falsch zur Anwendung gekommen sind. Sprecht in der Klasse darüber. Decke den Originaltext während der Arbeitschritte ab.

VERSION 1:

In der Geschichte „Beste Geschichte meines Lebens" von Wolfdietrich Schnurre geht es um einen kranken Mann, der einen anderen bescheißen will und sterben lässt, damit er seinen Platz bekommt.

Als der Nachbar einen Erstickungsanfall bekommt, stirbt er. Dessen Nachbar hingegen bekommt das Bett des Verstorbenen. Da er immer erzählt hat, was er alles durch das Fenster sehen kann, freut sich der Mann auf den Ausblick, den er sich errungen hat. Als er aus dem Fenster schaut, sieht er nichts als eine Mauer – und ist enttäuscht.

Dem Leser wird ob des Wendepunktes am Ende der Geschichte bewusst, dass man Gefühlen wie Eifersucht und Neid widerstehen sollte, da sich Hoffnungen häufig nicht erfüllen und am Ende die Enttäuschung steht.

VERSION 2:

Er handelt von einem Menschen, der einem anderen Hoffnungen macht, die nicht erfüllt werden.

Zwei Männer liegen in einem Krankenhaus in einem Zimmer. Während der eine den Fensterplatz innehat, neidet der andere jenem diesen, obwohl er ihm immer erzählt, was draußen passiert. Als der am Fenster liegende an einem Erstickungsanfall stirbt, ergattert der andere den Fensterplatz. Voller Begierde schaut er hinaus und plötzlich sieht er eine graue Mauer.

Der Leser hat bei dieser Geschichte das Gefühl, dass es sich nicht lohnt, anderen etwas zu neiden, da das nur zu Enttäuschungen führen kann.

VERSION 3:

In der Kurzgeschichte „Beste Geschichte meines Lebens" von Wolfdietrich Schnurre geht es um die Gutmütigkeit und den Neid von Menschen in einer schwierigen Situation.

In einem Krankenhaus liegen zwei Männer. Während der eine den Fensterplatz erhalten hat und als Ausgleich dem anderen von dem, was er draußen sieht, berichtet, neidet der Bettnachbar jenem dennoch seine Aussicht. Als der am Fenster Liegende in der Nacht einen Erstickungsanfall bekommt, holt der andere keine Hilfe, da er auf den Fensterplatz spekuliert. Nach dem Erstickungstod dieses Mannes zieht dessen Bettnachbar um und bemerkt, dass man lediglich auf eine Mauer schauen kann.

Der Autor möchte dem Leser vermitteln, dass man sich Hoffnungen machen kann, die aber nicht erfüllt werden.

beste Einleitung	
bester Schlussteil	
bester Hauptteil	
beste Inhaltsangabe	

Wolfdietrich Schnurre

Beste Geschichte meines Lebens

Beste Geschichte meines Lebens. Anderthalb Maschinenseiten vielleicht. Autor vergessen; in der Zeitung gelesen. Zwei Schwerkranke im selben Zimmer. Einer an der Türe liegend, einer am Fenster. Nur der am Fenster kann hinaussehen. Der andere hat keinen größeren Wunsch, als das Fensterbett zu erhalten. Der am Fenster leidet darunter. Um den anderen zu entschädigen, erzählt er ihm täglich stundenlang, was draußen zu sehen ist, was draußen passiert. Eines Nachts bekommt er einen Erstickungsanfall. Der an der Tür könnte die Schwester rufen. Unterlässt es; denkt an das Bett. Am Morgen ist der andere tot; erstickt. Sein Fensterbett wird geräumt; der bisher an der Tür lag, erhält es. Sein Wunsch ist in Erfüllung gegangen. Gierig, erwartungsvoll wendet er das Gesicht zum Fenster. Nichts; nur eine Mauer.

Aus: Der Schattenfotograf (Ausschnitt). München (List), 1978

In dieser Übung geht es darum, gute und weniger gute Inhaltsangaben zu unterscheiden, zu korrigieren (inhaltlich wie auch sprachlich) und zu bewerten. Der darauffolgende Vergleich mit dem Originaltext soll Aufschluss darüber geben, was bei einer Inhaltsangabe beachtet werden muss.
Weitere Ansätze:
Interpretation (inhaltlich wie formal) anfertigen, inneren Monolog zu einem der beiden Männer verfassen, Parallelgeschichte mit ähnlichem Wendepunkt erfinden.

VERSION 1:

In der Geschichte „Beste Geschichte meines Lebens" von Wolfdietrich Schnurre geht es um einen kranken Mann, der einen anderen bescheißen will und sterben lässt, damit er seinen Platz bekommt. *Thema nennen* A

Als der Nachbar einen Erstickungsanfall bekommt, stirbt er. Dessen Nachbar hingegen bekommt das Bett des Verstorbenen. Da er immer erzählt hat, was er alles durch das Fenster sehen kann, freut sich der Mann auf den Ausblick, den er sich errungen hat. Als er aus dem Fenster schaut, sieht er nichts als eine Mauer – und ist enttäuscht. I/Bz Bz / Bz / Zshg? *(wie?)*

Dem Leser wird ob des Wendepunktes am Ende der Geschichte bewusst, dass man Gefühlen wie Eifersucht und Neid widerstehen sollte, da sich Hoffnungen häufig nicht erfüllen und am Ende die Enttäuschung steht.

VERSION 2:

Er handelt ↑ von einem Menschen, der einem anderen Hoffnungen macht, die nicht erfüllt werden. *↑ Titel, Autor* / Bz

Zwei Männer liegen in einem Krankenhaus in einem Zimmer. Während der eine den Fensterplatz innehat, neidet der andere jenem diesen, obwohl er ihm immer erzählt, was draußen passiert. Als der am Fenster liegende an einem Erstickungsanfall stirbt, ergattert der andere den Fensterplatz. Voller Begierde schaut er hinaus und plötzlich sieht er eine graue Mauer. Bz / R / A A *(sachlich bleiben)*

Der Leser hat bei dieser Geschichte das Gefühl, dass es sich nicht lohnt, anderen etwas zu neiden, da das nur zu Enttäuschungen führen kann.

VERSION 3:

In der Kurzgeschichte „Beste Geschichte meines Lebens" von Wolfdietrich Schnurre geht es um die Gutmütigkeit und den Neid von Menschen in einer schwierigen Situation.

In einem Krankenhaus liegen zwei Männer. Während der eine den Fensterplatz erhalten hat und als Ausgleich dem anderen von dem, was er draußen sieht, berichtet, neidet der Bettnachbar jenem dennoch seine Aussicht. Als der am Fenster Liegende in der Nacht einen Erstickungsanfall bekommt, holt der andere keine Hilfe, da er auf den Fensterplatz spekuliert. Nach dem Erstickungstod dieses Mannes zieht dessen Bettnachbar um und bemerkt, dass man lediglich auf eine Mauer schauen kann. Bz

Der Autor möchte dem Leser vermitteln, dass man sich Hoffnungen machen kann, die aber nicht erfüllt werden. *sehr ungenau*

beste Einleitung	3
bester Schlussteil	1
bester Hauptteil	3
beste Inhaltsangabe	3

1. *Lies den Text „Ich bin ein Kumpel" von Angela Stachowa und ergänze die Leerstellen. Beschreibe anschließend die Erzählsituation und das thematisierte Problem: Worum geht es in ‚deiner' Geschichte?*
2. *Vergleiche deine Version mit der anderer und schließlich mit dem Originaltext. Interpretiere diesen, indem du besonders auf die Darstellung der unterschiedlichen Verhaltensweisen achtest.*

Angela Stachowa

Ich bin ein Kumpel

Ich bin ein Kumpel. Seit zehn Jahren sitze ich

Ich trinke das gleiche Quantum Bier und Schnaps. Ich bemühe mich, genau wie sie schallend, brüllend und wiehernd zu lachen und

Ich lächle wohlwollend, wissend und kennerisch, wenn einer der Rundenfreunde mit einem Mädchen davongeht. Wir Zurückbleibenden zwinkern uns verständnissinnig zu, und das Gespräch und das Gelächter gehen weiter. Wie ich Kumpel wurde?

Meist sitze ich neben ihm. Seine Frau begleitet ihn nie. Ich kann mich schon

Er sieht mich dann an wie Hans und Franz und gibt Auskunft. Wir sind ja alle nur Menschen.
Seit zehn Jahren bin ich ein vollwertiges Mitglied der Runde. Letzte Woche sah ich im Waschraum im Spiegel ein seltsam fremdes Gesicht. Muss aber wohl doch meins gewesen sein.

Ich bin ein Kumpel. Nur Witze erzählen kann ich noch nicht. Irgendwann reiße ich kumpelhaft den Stuhl, auf dem ich sitze, in die Höhe,

Angela Stachowa

Ich bin ein Kumpel

Anmerkungen/ Auffälligkeiten

Ich bin ein Kumpel. Seit zehn Jahren sitze ich emanzipiert regelmäßig nach Feierabend in einer Runde von Männern. Ich trinke das gleiche Quantum Bier und Schnaps. Ich bemühe mich, genau wie sie schallend, brüllend und wiehernd zu lachen und nicht durch weiblich-melodisches Lachen aufzufallen. Verfalle ich
5 doch einmal in ein Kichern, sehe ich scheu um mich und hoffe, dass keiner es bemerkt hat.
Frauen und Mädchen, die an unserem Tisch vorbeigehen, beurteile ich ebenso fachmännisch wie alle anderen in der Runde. Ich lächle wohlwollend, wissend und kennerisch, wenn einer der Rundenfreunde mit einem Mädchen davongeht.
10 Wir Zurückbleibenden zwinkern uns verständnissinnig zu, und das Gespräch und das Gelächter gehen weiter.
Wie ich Kumpel wurde? Ich liebte einen, der mit in der Runde sitzt. Ich wollte immer in seiner Nähe sein. Ich setzte mich in seinen Kreis und gedachte, ihn so zu gewinnen. Es brauchte damals anderthalb Jahre, bis sich die Männer an mich
15 gewöhnten. Heute, so glaube ich, haben sie Gottseidank vergessen, dass ich eine Frau bin. Ich lege auch kein Make-up mehr auf, tusche nicht mehr die Wimpern, färbe nicht mehr die Haare; ich bevorzuge flache Büstenhalter. Übrigens hat der Mann, den ich liebte, zwei Jahre nach meinem Eintritt in die Runde geheiratet. Nicht mich. In der Folgezeit weilte er vorübergehend nur selten unter uns. Aber
20 irgendwann später ist er dann endgültig heimgekehrt in unseren Kreis.
Meist sitze ich neben ihm. Seine Frau begleitet ihn nie. Ich kann mich schon ganz kumpelhaft nach ihr und den Kindern erkundigen. Er sieht mich dann an wie Hans und Franz und gibt Auskunft. Wir sind ja alle nur Menschen.
Seit zehn Jahren bin ich ein vollwertiges Mitglied der Runde. Letzte Woche sah
25 ich im Waschraum im Spiegel ein seltsam fremdes Gesicht. Muss aber wohl doch meins gewesen sein.
Ich bin ein Kumpel. Nur Witze erzählen kann ich noch nicht. Irgendwann reiße ich kumpelhaft den Stuhl, auf dem ich sitze, in die Höhe, zerschmettere ihn und schlage mit einem Stuhlbein meinen Kumpels die Köpfe ein.

Aus: Angela Stachowa, Stunde zwischen Hund & Katz. Erzählungen. Halle Leipzig (Mitteldeutscher Verlag), 1976

Der Prosatext von Angela Stachowa eignet sich besonders als Lückentext bzw. Leerstellentext, da je nach Ergänzung gerade das Geschlecht des Ich-Erzählers bzw. der Ich-Erzählerin bestimmt wird und die im Originaltext vorhandene Problematik durch die individuelle Auslegung der Schüler eben nicht automatisch erschlossen werden kann. Indem die Schüler durch die Textvorgabe einen Rahmen vorgegeben haben, den sie inhaltlich ausfüllen, beschäftigen sie sich bereits mit möglichen Aussagen oder einer Autorenintention. Es darf erwartet werden, dass die Schüler die eigentliche Problematik des Prosatextes nicht antizipieren, so dass in der folgenden Interpretation durch das offenbarte Geschlecht des Ich-Erzählers sowie den Wendepunkt ein Überraschungsmoment vorhanden ist, das hinsichtlich der Textbetrachtung motivierend wirkt. Um die Einheit abzurunden, könnte man diskutieren, wie so ein Kreislauf zu durchbrechen ist, wie eine derartige Situation zu ändern ist, welche gewaltfreie Lösung sich bietet.
Einige entscheidende Stichpunkte für die Interpretation werden unten angeführt.
Wichtig ist ebenso eine Diskussion über Identität / Identitätsverlust im Allgemeinen.

FRAU
(weibliche Identität)

lacht weiblich-melodisch
kichert
trägt Make-up auf
tuscht Wimpern
färbt Haare
betont ihre Brust durch den BH

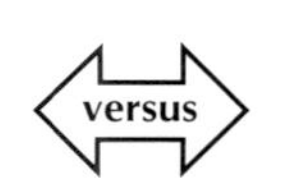

MANN
(männliche Identität)

trinkt Bier und Schnaps
lacht schallend, brüllend
beurteilt Frauen und Mädchen
zieht mit Frauen ab
redet kumpelhaft oberflächlich

Verlust der Identität  schlägt den Kumpels den Schädel ein = Gewalt

- personale Ich-Erzählerin
- Problem: Identitätsverlust, Ich-Aufgabe
  Selbstentfremdung
  Geschlechterrollen
  Anpassung
- Erzählebenen: Gegenwart
  Rückblick in die Vergangenheit
  Zukunftsvision
- medias in res, offenes Ende
- innere Handlung: Gleichgültigkeit
  Abgeklärtheit
  Verbitterung
  Selbstironie
  Trostlosigkeit
  Hass
  Aggression ⇨ ‚andere' Rolle lässt sich nicht durchhalten
  nicht ‚Ich' sein können
  Identitätsverlust
  keine Lösung, keine Aussicht auf Veränderung
- visuelle Darstellung der Textaussage

Lies den vorliegenden Text und fülle das Schaubild aus.

Arbeitsblatt 1:

Gib das Aussehen und die damit verbundenen Eigenschaften des Skorpions an und halte auch fest, welche Ereignisse entsprechende Reaktionen hervorrufen, die dem eigentlichen Bestreben des Skorpions zuwiderlaufen.
Beschreibe daraufhin in wenigen Sätzen das von der Gesellschaft entworfene Fremdbild mit dem Selbstbild des Skorpions und finde ein Zitat, einen Sinnspruch oder eine Moral zu der Geschichte.

Arbeitsblatt 2:

Wähle einen der angegebenen Sprüche bzw. Zitate als zu der Geschichte passend aus und belege deine Wahl mit plausiblen Argumenten. Sprecht über das Ergebnis.

Christa Reinig

Skorpion

Er war sanftmütig und freundlich. Seine Augen standen dicht beieinander. Das bedeutete Hinterlist. Seine Brauen stießen über der Nase zusammen. Das bedeutete Jähzorn. Seine Nase war lang und spitz. Das bedeutete unstillbare Neugier. Seine Ohrläppchen waren angewachsen. Das bedeutete Hang zum Verbrechertum. Warum gehst du nicht unter die Leute? fragte man
5 ihn. Er besah sich im Spiegel und bemerkte einen grausamen Zug um seinen Mund. Ich bin kein guter Mensch, sagte er. Er verbohrte sich in seine Bücher. Als er sie alle ausgelesen hatte, musste er unter die Leute, sich ein neues Buch kaufen gehn. Hoffentlich gibt es kein Unheil, dachte er und ging unter die Leute. Eine Frau sprach ihn an und bat ihn, ihr einen Geldschein zu wechseln. Da sie sehr kurzsichtig war, musste sie mehrmals hin- und zurücktauschen. Der Skorpion dachte
10 an seine Augen, die dicht beieinander standen und verzichtete darauf, sein Geld hinterlistig zu verdoppeln. In der Straßenbahn trat ihm ein Fremder auf die Füße und beschimpfte ihn in einer fremden Sprache. Der Skorpion dachte an seine zusammengewachsenen Augenbrauen und ließ das Geschimpfe, das er ja nicht verstand, als Bitte um Entschuldigung gelten. Er stieg aus, und vor ihm lag eine Brieftasche auf der Straße. Der Skorpion dachte an seine Nase und bückte sich
15 nicht und drehte sich auch nicht um. In der Buchhandlung fand er ein Buch, das hätte er gern gehabt. Aber es war zu teuer. Es hätte gut in seine Manteltasche gepasst. Der Skorpion dachte an seine Ohrläppchen und stellte das Buch ins Regal zurück. Er nahm ein anderes. Als er es bezahlen wollte, klagte ein Bücherfreund: Das ist das Buch, das ich seit Jahren suche. Jetzt kaufts mir ein anderer weg. Der Skorpion dachte an den grausamen Zug um seinen Mund und sagte: Nehmen
20 Sie das Buch. Ich trete zurück. Der Bücherfreund weinte fast. Er presste das Buch mit beiden Händen an sein Herz und ging davon. Das war ein guter Kunde, sagte der Buchhändler, aber für Sie ist auch noch was da. Er zog aus dem Regal das Buch, das der Skorpion so gern gehabt hätte. Der Skorpion winkte ab: Das kann ich mir nicht leisten. – Doch, Sie können, sagte der Buchhändler, eine Liebe ist der anderen wert. Machen Sie den Preis. Der Skorpion weinte fast. Er
25 presste das Buch mit beiden Händen fest an sein Herz, und, da er nichts mehr frei hatte, reichte er dem Buchhändler zum Abschied seinen Stachel. Der Buchhändler drückte den Stachel und fiel tot um.

Aus: Orion trat aus dem Haus. Neue Sternbilder, 1968

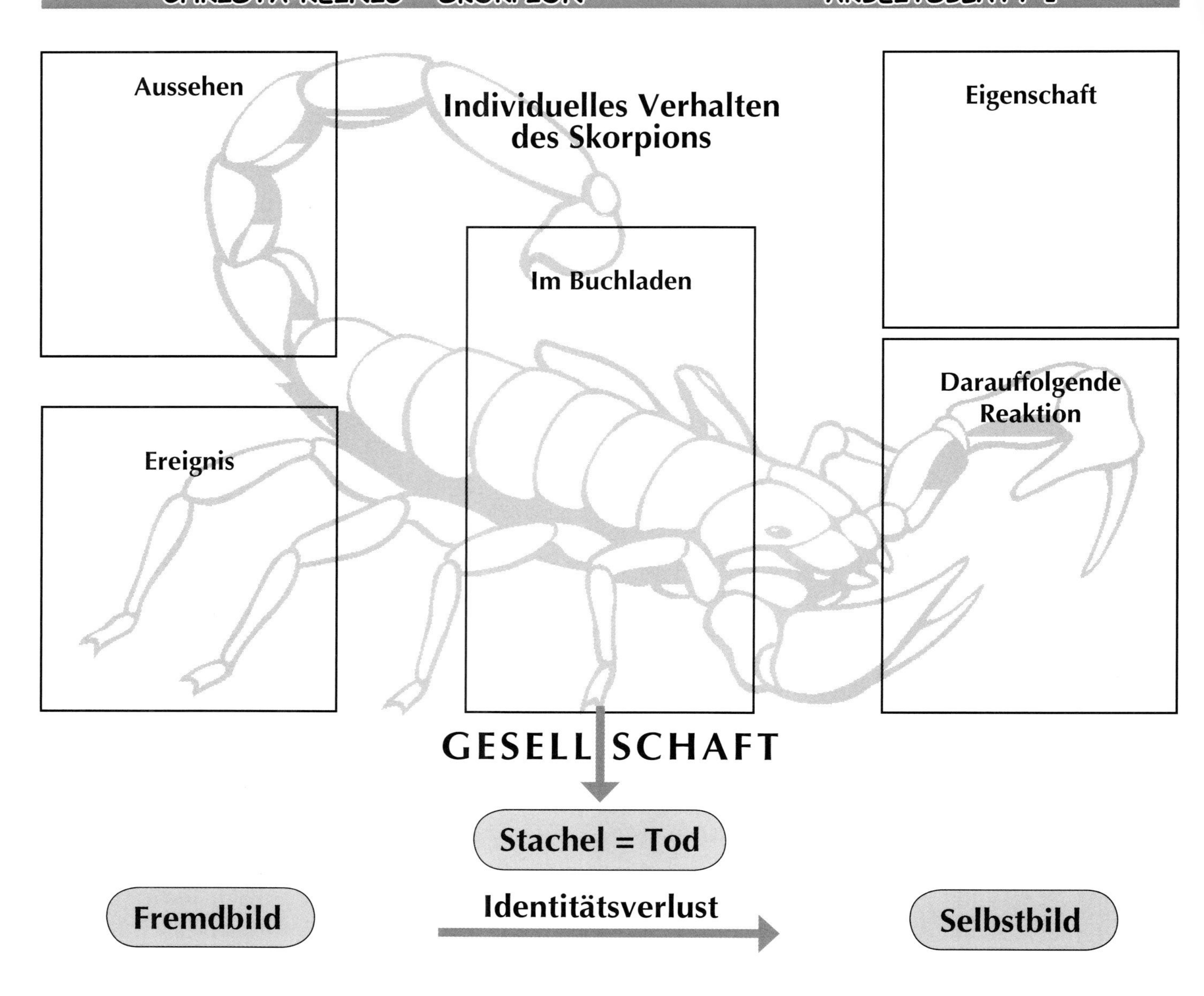

GESELL SCHAFT

Stachel = Tod

Fremdbild

Identitätsverlust

Selbstbild

Als er am Ende emotional und dankbar handelt, führt das zur Katastrophe.

Moral

Wer sich in Gefahr begibt, kommt darin um.
Es gibt kein Versehen. Der Stachel tötet immer.
Wer einem Skorpion die Hand gibt, ist selbst Schuld an seinem Schicksal.
Den Teufel im Leib haben.
Stille Wasser gründen tief.
Schöne Gestalt verliert sich bald.
Mein Name ist Hase. Ich weiß von nichts.
Wer mit Leuten nichts zu tun haben will, muss aus der Welt ziehen.
Vorsicht ist die Mutter der Porzellankiste.
Keiner kann aus seiner Haut heraus.

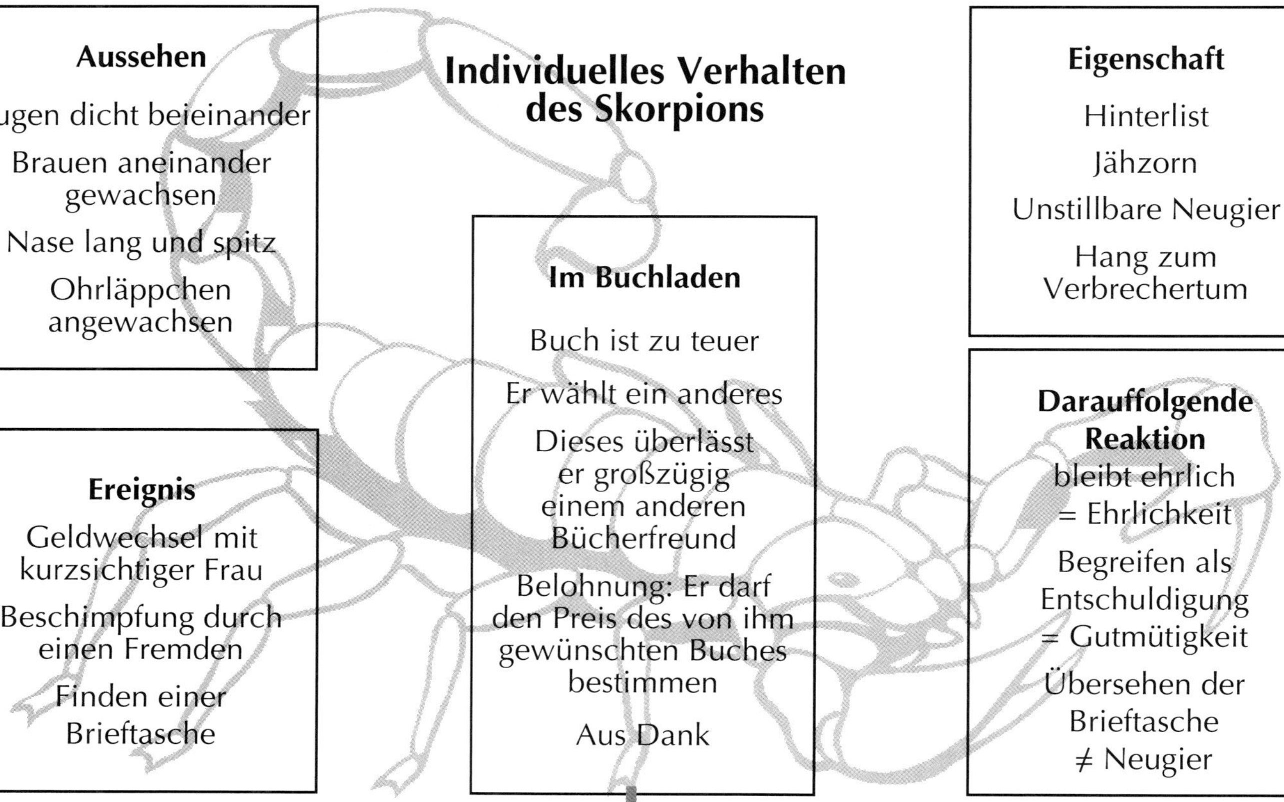

Aussehen

Augen dicht beieinander

Brauen aneinander gewachsen

Nase lang und spitz

Ohrläppchen angewachsen

Individuelles Verhalten des Skorpions

Eigenschaft

Hinterlist

Jähzorn

Unstillbare Neugier

Hang zum Verbrechertum

Ereignis

Geldwechsel mit kurzsichtiger Frau

Beschimpfung durch einen Fremden

Finden einer Brieftasche

Im Buchladen

Buch ist zu teuer

Er wählt ein anderes

Dieses überlässt er großzügig einem anderen Bücherfreund

Belohnung: Er darf den Preis des von ihm gewünschten Buches bestimmen

Aus Dank

Darauffolgende Reaktion

bleibt ehrlich = Ehrlichkeit

Begreifen als Entschuldigung = Gutmütigkeit

Übersehen der Brieftasche ≠ Neugier

GESELL | SCHAFT

Stachel = Tod

Fremdbild — **Identitätsverlust** → **Selbstbild**

Der Skorpion wird über sein Aussehen definiert und als böses, mit negativen Eigenschaften ausgestattetes Wesen beschrieben.

Um den existierenden Vorurteilen entgegenzutreten, zieht sich der Skorpion von der Gesellschaft zurück. Als er sich dennoch in die Öffentlichkeit wagt, überdenkt er sein Verhalten genauestens und handelt überaus bewusst und moralisch.

Als er am Ende emotional und dankbar handelt, führt das zur Katastrophe.

Der Skorpion wird unschuldig schuldig, indem er aus Dankbarkeit seinen Stachel reicht und dadurch zum Mörder wird.

Moral

Wer allen gerecht werden will, muss am Ende scheitern.

Bleibe du selbst und stehe zu dir, deinen Eigenschaften und Fähigkeiten.

Verliere dich nicht in Vorurteilen. Das führt zu nichts.

etc.

Untersuche den Text „San Salvador" von Peter Bichsel anhand der Tabelle auf dem Arbeitsblatt. Ergänze die Ergebnisse, indem du einige Stichpunkte zu Pauls Problem und seiner inneren Verfassung notierst. Achte auf die Wirkung der literarischen Gestaltungsmittel und finde mögliche mediale Gestaltungsformen für die mediale Umsetzung.
Bei der kreativen Arbeitsphase sollten Engagement und Spaß nicht zu kurz kommen.

Peter Bichsel

San Salvador

Er hatte sich eine Füllfeder gekauft.
Nachdem er mehrmals seine Unterschrift, dann seine Initialen, seine Adresse, einige Wellenlinien, dann die Adresse seiner Eltern auf ein Blatt gezeichnet hatte, nahm er einen neuen Bogen, faltete ihn sorgfältig und schrieb: „Mir ist es hier zu kalt", dann, 5 „ich gehe nach Südamerika", dann hielt er inne, schraubte die Kappe auf die Feder, betrachtete den Bogen und sah, wie die Tinte eintrocknete und dunkel wurde (in der Papeterie garantierte man, dass sie schwarz werde), dann nahm er seine Feder erneut zur Hand und setzte noch großzügig seinen Namen Paul darunter. Dann saß er da.
Später räumte er die Zeitungen vom Tisch, überflog dabei die Kinoinserate, dachte an 10 irgendetwas, schob den Aschenbecher beiseite, zerriss den Zettel mit den Wellenlinien, entleerte seine Feder und füllte sie wieder. Für die Kinovorstellung war es jetzt zu spät.
Die Probe des Kirchenchores dauert bis neun Uhr, um halb zehn würde Hildegard zurück sein. Er wartete auf Hildegard. Zu all dem Musik aus dem Radio. Jetzt drehte 15 er das Radio ab.
Auf dem Tisch, mitten auf dem Tisch, lag nun der gefaltete Bogen, darauf stand in blauschwarzer Schrift sein Name Paul.
„Mir ist es hier zu kalt", stand auch darauf. Nun würde also Hildegard heimkommen, um halb zehn. Es war jetzt neun Uhr. Sie läse seine Mitteilung, erschräke dabei, glaubte 20 wohl das mit Südamerika nicht, würde dennoch die Hemden im Kasten zählen, etwas müsste ja geschehen sein.
Sie würde in den ‚Löwen' telefonieren. Der ‚Löwen' ist mittwochs geschlossen.
Sie würde lächeln und verzweifeln und sich damit abfinden, vielleicht.
Sie würde sich mehrmals die Haare aus dem Gesicht streichen, mit dem Ringfinger 25 der linken Hand beidseitig der Schläfe entlangfahren, dann langsam den Mantel aufknöpfen.
Dann saß er da, überlegte, wem er einen Brief schreiben könnte, las die Gebrauchsanweisung für den Füller noch einmal – leicht nach rechts drehen – las auch den französischen Text, verglich den englischen mit dem deutschen, sah wieder seinen 30 Zettel, dachte an Palmen, dachte an Hildegard. Saß da.
Und um halb zehn kam Hildegard und fragte: „Schlafen die Kinder?" Sie strich sich die Haare aus dem Gesicht.

Peter Bichsel, San Salvador	Mögliche mediale Gestaltungsformen
Wiederholungen	
Zeitstruktur Erzählzeit: Erzählte Zeit:	
Tempus der Verben	
Symbole	
Satzbau (Syntax)	
Ich-Erzähler ◇ **Erzählerbericht – personal** ◇ **– auktorial** ◇	
Direkte Rede ◇ **Indirekte Rede** ◇ **Innerer Monolog** ◇	

Abkürzungen: V = Video, HS = Hörspiel, MU = musikalische Untermalung, C = Comic

Ausgehend von einem medienpädagogischen Ansatz ist es hinsichtlich der Kurzgeschichte „San Salvador" von Peter Bichsel das Ziel, die Schüler zu sensibilisieren für unterschiedliche mediale Gestaltungsmöglichkeiten. Die produktiv-kreative Umsetzung des Prosatextes in optische (Comic), akustische (musikalische Untermalung, Hörspiel) und audiovisuelle (Videofilm) Medien setzt voraus, den Text inhaltlich wie formal zu erschließen. Nur wenn innere und äußere Handlung, Personen und ihre Beziehung zueinander, Aufbau, Erzähltechnik, Sprache und Symbolik erkannt und erfasst worden sind, ist eine adäquate mediale Gestaltung gewährleistet. Darüber hinaus ist es angebracht, die Schüler kurz in die jeweiligen Medien einzuweisen, ihre Möglichkeiten und Grenzen aufzuweisen und die benötigten Mittel zur Umsetzung zu beschaffen. Diese Einheit, die sich durch ihren Projektcharakter auszeichnet, ist äußerst fruchtbar sowohl hinsichtlich des selbständigen Arbeitens und des sozialen Verhaltens der Schüler als auch hinsichtlich ihrer Motivation und Kreativität. So kommen viele Interpretationsansätze (Analyse und Gestaltendes Interpretieren) zum Tragen: Dialoge oder (innere) Monologe verfassen, ausdrucksstarkes Lesen zur musikalischen Untermalung, Koordination von Bild, Ton und Sprache sowie Darstellung der Figuren durch Mimik und Gestik anhand eines erstellten Drehbuchs, bildliche Darstellung (Motive, Farben, Formen) und sprachliche Gestaltung (Erzähltext, Sprechblasen, lautmalerische Partikel) eines Comics.
Dabei rücken mehrere Themenschwerpunkte in das Blickfeld: zwischenmenschliche Beziehungen in einer Ehe/Partnerschaft, Kommunikationsunfähigkeit, Einsamkeit, Alltagsmonotonie, Träume.
Neben der Interpretation des Textes, der Charakterisierung von Paul, seiner inneren Verfassung, ist als Einstieg denkbar, einen Teil des Prosatextes auszuteilen und die Schüler die Leerstellen ausfüllen zu lassen bzw. das Ende zu antizipieren. Ebenso könnten die Schüler einen inneren Monolog von Paul oder Hildegard verfassen oder einen Dialog als Fortführung der Geschichte schreiben. Zuletzt bietet der Name ‚San Salvador' einen Ansatzpunkt, der sich verfolgen lässt. Geht es um eine Stadt, ein Land, einen Ferienclub, einen Nachtclub? Hier könnte man Recherchen betreiben oder die Phantasie anregen, indem man vor Beginn der Einheit lediglich den Titel als Impuls eingibt.
Das Thema öffnet viele Wege auch für die Betrachtung anderer Prosatexte, wobei immer darauf geachtet werden sollte, dass der Text für die jeweils vorgesehenen Medien tatsächlich als Grundlage geeignet ist.

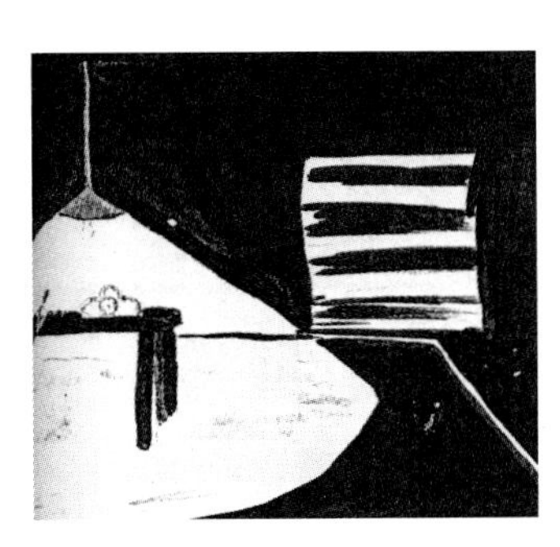

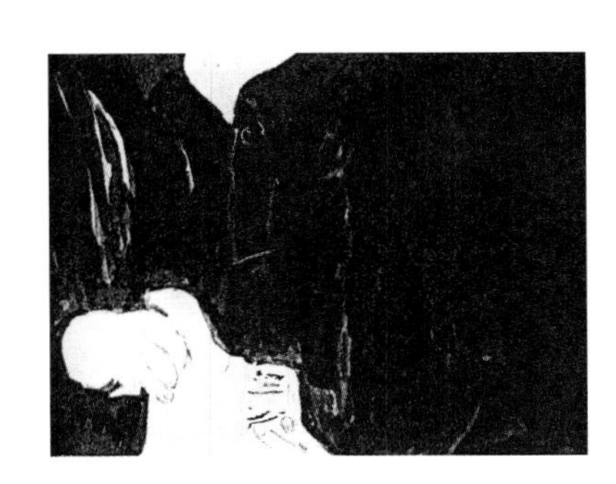

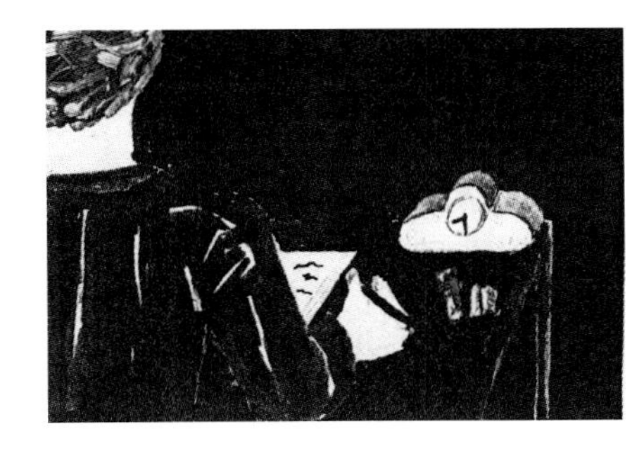

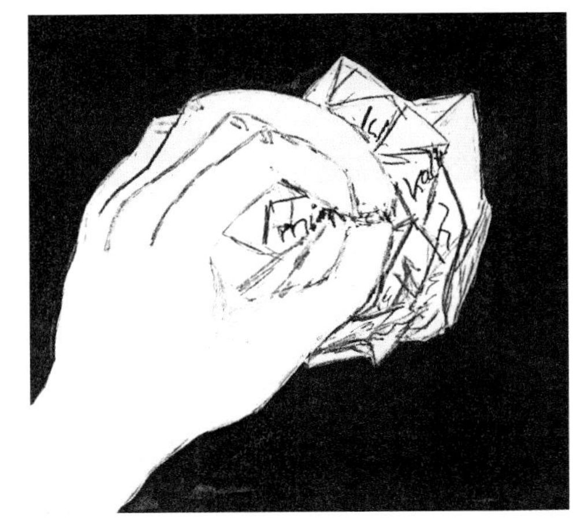

Peter Bichsel, San Salvador	Mögliche mediale Gestaltungsformen
Wiederholungen – Füllfederhalter – Kälte – „dann“ (Aufzählung) > Fortschreiten der Zeit „später“ – Haare (Hildegard) – „er saß“	– die gleichen Bilder zeigen: Leitmotive (V/HS/MU/C)
Zeitstruktur Erzählzeit: ca. 2–3 Minuten Erzählte Zeit: ca. 1–2 Stunden → Vermittlung der Art und Weise, wie Zeit erlebt werden kann	– Uhr einblenden (HS/V)
Tempus der Verben – Imperfekt – Konjunktiv II erhöht Spannung + Erwartungshaltung → mögliche Verhaltensweise Hildegards → Vermutungen → Leser stellt sich Fragen	
Symbole – Wellenlinien → Meer/Unsicherheit – Kälte → Gefühle, Einsamkeit, Leere, Monotonie ↕ – ‚Löwe‘ → Wärme, Afrika, Selbstbewusstsein – Palmen → Freiheit, Paradies, menschliche Nähe – Südamerika → Ferne, Flucht, Wärme – Füllfederhalter → Bedürfnis der Kommunikation – schwarze Schrift → Trauer, Pessimismus – Sitzen → fehlende Flexibilität, Ohnmacht	– Farbwahl (V/C) → Gefühle durch Farben ausdrücken
Satzbau (Syntax) – lange Sätze (Aufzählung) – kurze Sätze (Subjekt-Prädikat) → spiegeln die Monotonie des Alltags wider → spiegeln die Haltung Pauls wider → innere Zerrissenheit	– kurze Sätze durch lange Handlungen ergänzen (HS, V) – entsprechender Hintergrund – kurze aussagekräftige Sätze (C)
Ich-Erzähler ◇ **Erzählerbericht – personal** ◈ **– auktorial** ◇ – aus der Sicht einer Person – es werden keine Vorausdeutungen oder Rückblenden gemacht – detaillierte Beschreibung + sachlich – Schilderung Pauls Gedanken unterbrechen (erlebte Rede)	– Bilder wirken lassen (v) – Erzähler einsetzen (V/HS)
Direkte Rede ◈ **Indirekte Rede** ◇ **Innerer Monolog** ◇ **Erlebte Rede** ◈ – Frage von Hildegard: direkte Rede „Schlafen die Kinder?“ – durch die erlebte Rede kann man sich besser in die Person hineinversetzen / Unmittelbarkeit – Emotionen und Gedanken werden unmittelbar vermittelt	– innerer Monolog (HS/V) – Geräusche (HS) – Gestik, Mimik (V) – mehr Handlung statt Erzählung / Bericht (V)

Abkürzungen: V = Video, HS = Hörspiel, MU = musikalische Untermalung, C = Comic

Hier sind drei Texte durcheinander geraten. In dem einen geht es um Schweine, in den anderen beiden um einen Magen bzw. Organe und zwei Wanderer.

Einzelarbeit:

Suche die passenden Textteile zusammen und bearbeite die Texte vergleichend, indem du die angegebenen Kriterien in der Tabelle festhältst.

Gruppenarbeit:

Gebt an, was die Texte über das Zusammenleben von Menschen aussagen, welche Moral bzw. Botschaft der jeweilige Autor vermittelt. Überlegt euch auf dieser Grundlage, welche der Botschaften euch am ehesten überzeugt und findet Argumente dafür. Verteidigt eure Entscheidung, indem ihr den anderen Gruppen zuerst ein Tableau (Standbild) vorstellt und anschließend eure Überlegungen vortragt.

Hausaufgabe:

Interpretiere einen der drei Texte, indem du Inhalt und Form berücksichtigst.

Durcheinandertext

Kurz darauf kamen diejenigen, die das Beil verloren hatten, und bedrängten den, der das Beil hatte. Da rief dieser aus: „Wir sind verloren!"
„Bitte", meinte der Freund, „sage nicht: wir sind verloren, sondern: ich bin verloren. Denn auch als du das Beil fandest, hast du mir keinen Anteil daran gewährt."
5 Eine Gesellschaft Stachelschweine drängte sich an einem kalten Wintertage recht nahe zusammen, um durch die gegenseitige Wärme sich vor dem Erfrieren zu schützen. Jedoch bald empfanden sie die gegenseitigen Stacheln, welches sie dann wieder voneinander entfernte.
Einst empörten sich die Glieder des Körpers gegen den Magen, weil sie glaubten, er allein sei untätig, während sie alle arbeiteten. So weigerten sie sich, weiterhin ihren Dienst zu tun. Die
10 Hände wollten keine Speise mehr zum Munde führen, der Mund sie nicht mehr aufnehmen und die Zähne sie nicht zermahlen. (...) Die mittlere Entfernung, die sie endlich herausfinden, und bei welcher ein Beisammensein bestehen kann, ist die Höflichkeit und feine Sitte.
Wann nun das Bedürfnis der Erwärmung sie wieder näher zusammenbrachte, wiederholte sich jenes zweite Übel, so dass sie zwischen beiden Leiden hin und her geworfen wurden, bis sie
15 eine mäßige Entfernung voneinander herausgefunden hatten, in der sie es am besten aushalten konnten.
Zwei Wanderer zogen dieselbe Straße. Als nun der eine ein Beil fand, rief der andere: „Ei, da haben wir etwas Schönes gefunden!" „Bitte", meinte der Freund, „sage nicht: wir haben gefunden, sondern: du hast gefunden."
20 (...) So wird zwar das Bedürfnis gegenseitiger Erwärmung nur unvollkommen befriedigt, dafür aber der Stich der Stacheln nicht empfunden. – Wer jedoch viel eigene innere Wärme hat, bleibt lieber aus der Gesellschaft weg, um keine Beschwerde zu geben, noch zu empfangen.
Doch als die Glieder nun ihren Plan ausführten, spürten sie allzu bald, dass sie durch solche Weigerung sich selbst am meisten schadeten. Jetzt erst erkannten sie nämlich, welche Bedeutung
25 der Magen für sie habe: dass er die empfangene Speise verdaue und dadurch allen Gliedern Leben und Kraft verleihe. So hielten die Glieder es doch für besser, sich mit dem Magen zu versöhnen.

LITERARISCHE TEXTE
AESOP, LIVIUS, SCHOPENHAUER – GEMEINSAM ODER ALLEIN?

Möglicher Titel	**Aesop**	**Livius**	**Schopenhauer**
Erzählsituation			
Innere Handlung			
Verschlüsselung Symbolik Gleichnishaftigkeit			
Form Sprache			
Moral Botschaft			

Tableau: Darstellung einer Situation, einer Tier- bzw. Menschenkonstellation

Argumente für den Text von ______________________:

-
-
-
-
-

Die vorliegenden Texte haben eines gemeinsam: Sie geben Zeugnis über das Zusammenleben von Menschen (direkt oder im übertragenen Sinn). Um die Wahrnehmung der Schüler zu schulen, sind die Texte zuerst auseinander zu dividieren und korrekt zusammenzusetzen. Ist dieser Schritt vollzogen, kann man davon ausgehen, dass die Texte bereits intensiv gelesen und auch reflektiert worden sind. Anschließend sind inhaltliche wie formale Kriterien der Interpretation in Tabellenform angeführt, so dass unterschiedliche Aspekte vertiefend erfasst werden. An dieser Stelle könnte man auch die Gattungsmerkmale von Fabel, Parabel und Gleichnis wiederholen. Vor einer Diskussion über die Botschaften, die jeweils psychoanalytische, philosophische oder ethische Fragestellungen zulassen, steht die pantomimische Darstellung einer der Situationen in Form eines Tableaus, um die Schüler die thematisierte Körperlichkeit hinsichtlich Nähe und Distanz entsprechend spüren und nachspielen zu lassen.

Gemeinsam oder allein?!

Schopenhauer

Eine Gesellschaft Stachelschweine drängte sich an einem kalten Wintertage recht nahe zusammen, um durch die gegenseitige Wärme sich vor dem Erfrieren zu schützen. Jedoch bald empfanden sie die gegenseitigen Stacheln, welches sie dann wieder voneinander entfernte. Wann nun das Bedürfnis der Erwärmung sie wieder näher zusammenbrachte, wiederholte sich jenes zweite Übel, so dass sie zwischen beiden Leiden hin und her geworfen wurden, bis sie eine mäßige Entfernung voneinander herausgefunden hatten, in der sie es am besten aushalten konnten.
(...) Die mittlere Entfernung, die sie endlich herausfinden, und bei welcher ein Beisammensein bestehen kann, ist die Höflichkeit und feine Sitte.
(...) So wird zwar das Bedürfnis gegenseitiger Erwärmung nur unvollkommen befriedigt, dafür aber der Stich der Stacheln nicht empfunden. – Wer jedoch viel eigene innere Wärme hat, bleibt lieber aus der Gesellschaft weg, um keine Beschwerde zu geben, noch zu empfangen.

Livius

Einst empörten sich die Glieder des Körpers gegen den Magen, weil sie glaubten, er allein sei untätig, während sie alle arbeiteten. So weigerten sie sich, weiterhin ihren Dienst zu tun. Die Hände wollten keine Speise mehr zum Munde führen, der Mund sie nicht mehr aufnehmen und die Zähne sie nicht zermahlen.
Doch als die Glieder nun ihren Plan ausführten, spürten sie allzu bald, dass sie durch solche Weigerung sich selbst am meisten schadeten. Jetzt erst erkannten sie nämlich, welche Bedeutung der Magen für sie habe: dass er die empfangene Speise verdaue und dadurch allen Gliedern Leben und Kraft verleihe. So hielten die Glieder es doch für besser, sich mit dem Magen zu versöhnen.

Aesop

Zwei Wanderer zogen dieselbe Straße. Als nun der eine ein Beil fand, rief der andere: „Ei, da haben wir etwas Schönes gefunden!“ „Bitte“, meinte der Freund, „sage nicht: wir haben gefunden, sondern: du hast gefunden.“ Kurz darauf kamen diejenigen, die das Beil verloren hatten, und bedrängten den, der das Beil hatte. Da rief dieser aus: „Wir sind verloren!“
„Bitte“, meinte der Freund, „sage nicht: wir sind verloren, sondern: ich bin verloren. Denn auch als du das Beil fandest, hast du mir keinen Anteil daran gewährt.“

Möglicher Titel	**Aesop** **Wie du mir, so ich dir!**	**Livius** **Dialog der Organe**	**Schopenhauer** **Die Stachelschweine**
Erzählsituation	Auffinden eines Beils und Rückforderung durch die Besitzer	Steife der Glieder gegen den Magen – wegen Untätigkeit	Suche nach Nähe und dadurch gegenseitige Verletzung der Stachelschweine
Innere Handlung	Beteiligungsanspruch und Zurückweisung (zwei Mal)	Einsicht in die ‚Leistung' des Magens und die Notwendigkeit der Zusammenarbeit	Reflexion über die ideale Distanz zwischen Schweinen bzw. Menschen
Verschlüsselung Symbolik Gleichnishaftigkeit	Wie du mir, so ich dir! eine Lehre aus seinem Verhalten ziehen	wie bei Magen und Gliedern verhalten sich Bürger und Staat zueinander	Höflichkeit und Sitte definieren die ideale Distanz
Form Sprache	Dialog zwischen zwei Männern gleichnishaft, ‚fabel'haft	Parabel • lehrhafte Erzählung • bildhaft • aufkärend • das Besondere für das Allgemeine	Fabel – Tierdichtung • menschliche Eigenschaften • Aktion – Reaktion – Moral Parabel • erzieherischer Wert
Moral Botschaft	Wie du mir, so ich dir! Jeder ist sich selbst der Nächste. Geteilte Freude ist doppelte Freude, geteiltes Leid ist halbes Leid.	Gemeinsam sind wir stark: wechselseitige Abhängigkeit der Menschen eines jeden Funktion in einem System	Was du nicht willst, das man dir tut, das füg' auch keinem andern zu. Handle nur nach derjenigen Maxime, durch die du zugleich wollen kannst, dass sie allgemeines Gesetz werde (kategorischer Imperativ von Kant).

Aesop – Zwei Wanderer ①

Aesop – Zwei Wanderer ②

Livius – Organe und Magen ①

Livius – Organe und Magen ②

Livius – Organe und Magen ③

Schopenhauer – Stachelschweine ①

Schopenhauer – Stachelschweine ②

Schopenhauer – Stachelschweine ③

Fotos: Melanie Wylcans
(Schüler/innen der Klasse 10c, 2005)

LEHRER-INFO ZU SACHTEXTEN, KARIKATUREN, ORGANIGRAMMEN

Das vorliegende Kapitel enthält sowohl Sachtexte als auch Diagramme, Schaubilder und Karikaturen. Um die Interpretation von statistischen Erhebungen nicht einseitig zu gestalten, sind sie thematisch mit den Sachtexten verbunden, so dass hier unterschiedliche Informationsquellen zu unterschiedlichen Betrachtungsformen führen. Es ist so möglich, die verschiedenen Quellen miteinander zu vergleichen oder von einzelnen Gruppen auswerten zu lassen.
Gerade die Anwendung unterschiedlicher Gestaltungsmittel zur optimalen Darstellung der unterschiedlichen Ausdrucksformen und Facetten eines Themas, Textdesign (nach Bucher), findet mehr und mehr Verbreitung in Zeitungen und Zeitschriften.
Die Schüler an Sachtexte heranzuführen und ihnen zu vermitteln, welche Fragen zu stellen bzw. zu beantworten sind, wie man die wichtigsten Informationen herausfiltert und auch einen sprachlich anspruchsvollen oder einen weniger komprimierten Text auswertet, steht hier im Vordergrund. Daneben wird nach wie vor die Visualisierung eine Rolle spielen. Die hier beispielhaft angeführten Ausführungen können als Module begriffen und auf weitere Texte bzw. Informationsquellen übertragen werden.
Im Folgenden sind die wichtigsten Kriterien und Fragen für die im dritten Kapitel zusammengefassten Aufgaben und die verschiedenen Vorgehensweisen hinsichtlich des Informationsgehaltes und dessen Auswertung angeführt.

Sachtexte / Zeitungsartikel

Sachtexte, die informieren möchten, und Zeitungsartikel, die häufig nur auf Teilaspekte eines Themas eingehen, sollen im dritten Kapitel im Vordergrund stehen. So sind Texte angeführt,
- die über ein aktuelles Thema informieren *(AIDS, Datenschutz)*,
- ein Thema anhand mehrerer Artikel unterschiedlicher Qualität und Informationsdichte exemplarisch entfalten, um aus verschiedenen Blickwinkeln und Quellen ein ganzheitliches Bild zu erstellen *(Ganztagsschule)*.

Aufgaben, die mit Sachtexten verbunden werden können:

- Text **gliedern** / segmentieren und Titel für Abschnitte finden
- Informationen **exzerpieren** / resümieren
- Text **kritisch lesen** und zwischen Informationen / Fakten und Kommentaren / eigener Meinung des Autors unterscheiden
- **Textsorte** und **Darstellungsform** (Sprache) erkennen und gegebenenfalls berücksichtigen
- Text in **Diagramm übersetzen**
- Text **visualisieren** in einem Schaubild
- **Informationen** verschiedener Texte **verknüpfen** und in einem **Überblick** verbinden
- **Informationen** von Texten und Diagrammen, Schaubildern, Karikaturen **verknüpfen** und ‚ganzheitlich' **auswerten**
- Stellung nehmen und ausgehend von einem Text das Thema **diskutieren** und **erörtern**

Die Sachtexte werden teilweise mit Karikaturen oder Diagrammen ergänzt. Hier bietet sich dem Unterrichtenden an, weiteres Text- und Bildmaterial zu ergänzen. Häufig ist es auch sinnvoll, den Kenntnisstand der Schüler durch ein Brainstorming als Ausgangsbasis zu sichern. Viele kreative Aufgaben lassen sich anschließen, so zum Beispiel Rollenspiele, Dialoge, Plakate, Flugblätter, Anzeigen, Briefe, Vorträge, ...
Schließlich findet man zu den hier angebotenen Sachtexten Geschichten und Erzählungen, die hinzugezogen werden können, um das Thema ganz unterschiedlich anzugehen und zu bearbeiten. Gerade in der Vielfalt liegt der Reiz und die Erkenntnis der Schüler, wie häufig man erarbeitetes und erworbenes Wissen vernetzen kann.

Karikaturen

Karikaturen begegnen uns überall: in Zeitungen, Zeitschriften, Informationsbroschüren und Büchern, in der Werbung, im Fernsehen und in künstlerischen Arbeiten, auf Hauswänden und Bildschirmen.
Wichtig ist, dass man nicht nur erkennt, was in der Karikatur abgebildet ist, sondern auch, was sie und auf welche Art und Weise sie es vermittelt. Jugendliche neigen oft zu voreiligen Deutungen. Es ist besonders wichtig zu vermitteln, dass vor der Deutung die Bild- und Textinformationen sorgfältig zu ermitteln sind.

***Was** siehst du (Vorgehen wie bei Bildbeschreibung, Beachten der Details)?*
***Welches Thema** wird aufgegriffen?*
*Welches ist die **Absicht** bzw. die Kritik des Karikaturisten? Diese muss belegt werden.*
*Wie **wirkt** die Karikatur auf dich (bzw. auf einzelne vorstellbare Zielgruppen)?*
***Vergleicht** die unterschiedlichen Karikaturen und **bewertet** die Berechtigung ihrer Gesellschaftskritik.*

In mehreren Gruppen können die Schüler die verschiedenen Karikaturen zu einem Thema erschließen. Dann sollten sie in der Lage sein, eine gemeinsame Fragestellung zu erarbeiten und zu diskutieren, wie es durch die übergeordnete Frage in einem Gruppenpuzzle geschieht.
Kontroverse Karikaturen zu einem Thema erleichtern den Schülern, weitere Pro- und Contra-Argumente zu finden. Die hier angebotenen Karikaturen zum Thema *Sport* sowie *Fernsehkonsum* zeigen die Problematik aktueller Gesellschaftsthemen auch aus Sicht der Schüler und können zur Reflexion anregen.

Organigramme, diverse Diagramme, Schaubilder

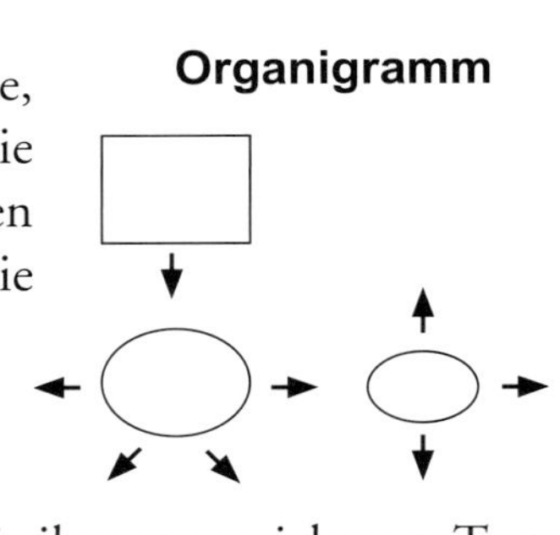

Das Auswerten und Deuten von Grafiken und Organigrammen in jeder Form ist in vielen Unterrichtsfächern gefordert. In überschaubarer Form werden hier Informationen dargestellt, die in beschreibenden Texten nicht immer klar und logisch dargestellt werden können. Besonders vergleichende Fakten und Zahlen sind in Sätzen häufig nur schwer nachvollziehbar, weil sie unanschaulich bleiben.
Schüler sollten in der Lage sein, in Schaubildern dargelegte Zahlen, Verhältnisse, Beziehungen und Zustände in ihrer Relevanz zu begreifen und zu deuten und die Ergebnisse angemessen zu formulieren. Dazu gehört, dass man reine Prozentzahlen umsetzt und Umschreibungen heranzieht, die klarer und besser vorstellbar sind, wie z. B. die Hälfte, ein Drittel oder jeder Zweite, jeder Dritte, etc.
Hier sind folgende Themen angeführt: *AIDS*, *Berufswelt* und *Ausbildung* und *Familienplanung*.

Auch der umgekehrte Weg wird angeboten, nämlich dass Schüler aus einem mit Statistiken angereicherten Text Diagramme am Computer erstellen:
Dies üben wir am Thema *Kinder und Computer.*

Es bleibt anzumerken, dass statistische Erhebungen natürlich immer mit gebotener Vorsicht zu betrachten sind. So muss man einerseits die Quelle und Repräsentanz einer Erhebung kritisch betrachten, andererseits aber auch auf mögliche Verzerrungen von Informationen, in der Fachsprache sogenannte ‚Verzerrungsfaktoren‘, hinweisen.
Unterschiedlichen Lerngruppen sollten je nach Leistungsstand Fragen gereicht werden, die im Folgenden angeführt werden. Sind diese zur Erschließung nicht unbedingt nötig, lautet die Aufgabenstellung:

Beschreibe die in dem ....gramm enthaltenen Zahlen / Statistiken / Erhebungen und bewerte die daraus abgeleiteten Erkenntnisse.
Welche Ergebnisse sind überraschend?
Womit hängt das möglicherweise zusammen?
***Was** ist das Thema, **wie** ist der Sachverhalt, der gemessen oder gezählt wurde?*
***Für welchen** Zeitraum ist die Untersuchung angesetzt?*
***Für welchen** Raum / welche Gegend gilt die Erhebung?*
***Woher** stammen die Informationen, welches ist die Quelle?*
***Welche** der angegebenen **Werte** sind besonders **hoch / niedrig**?*
***Welche Werte** sind untypisch / **unerwartet** / überraschend?*
***Welche Konsequenzen** ergeben sich aus den ermittelten Ausgaben?*
***Welche Forderungen** kann man ableiten?*
***Mit welchen Informationen** kann man die Werte in **Verbindung** bringen?*
(z. B. Vergleiche mit Texten, anderen Informationsquellen)

1. *Lies den Informationstext und schreibe neben die vier großen Absätze ein Stichwort zum Inhalt.*

2. *Zeige dein Textverständnis, indem du das vorgegebene Flussdiagramm ausfüllst und unter den angeführten Antworten die richtigen herausfindest.*

3. *Um die aktuelle Entwicklung bezüglich der Verbreitung von AIDS zu beurteilen, solltest du die Statistik bzw. die Diagramme in deiner Gruppe auswerten und anschließend mit den Ergebnissen der anderen Gruppen vergleichen. Ergeben sich Unterschiede, müsst ihr diese überdenken und euch auf eine Antwort einigen. Die Aufgabe für alle lautet:*
Werte die Zahlen aus und erläutere sie, indem du auch den Informationstext über AIDS heranziehst.

AIDS

40 Millionen Menschen leben weltweit mit einer HIV-Infektion. 2004 gab es fünf Millionen Neuinfektionen, rund drei Millionen sind an AIDS gestorben.
Die AIDS-Erkrankung ist tatsächlich kein Problem bestimmter Gruppen – wie homosexueller Männer und Drogenkonsumenten – sondern eines, das uns alle betrifft.
5 Zwar gibt es verschiedene Risikofaktoren, die teilweise auf unterschiedlichen physischen Voraussetzungen der Geschlechter beruhen, aber eine Schnittmenge der möglichen Ansteckungsquellen erfasst jeden. Dennoch kann man mit wenigen Informationen tatsächlich umsichtig mit dem Phänomen der Viren-Übertragung umgehen, sei es beim Umgang mit Erkrankten bzw. HIV-Positiven, sei es beim Selbstschutz vor einer
10 Ansteckung.

Ansteckungsrisiko Nummer 1 für das *Acquired Immune Deficiency Syndrome* ist der ungeschützte Geschlechtsverkehr, bei dem Frauen aufgrund ihres Körperbaus leichter angesteckt werden können als Männer. Erhöht wird dieses Risiko durch häufig wechselnde Partner.
15 HI-Viren finden sich hauptsächlich in Samen, Scheidenflüssigkeit und Blut, wobei die Scheidenflüssigkeit die geringste Belastung von Viren aufweist. Die Ansteckungsgefahr ist dann gegeben, wenn diese Körperflüssigkeiten in offene Wunden gelangen oder Schleimhäute berühren, was durch ungeschützten Geschlechtsverkehr ermöglicht wird. Auch Pilzinfektionen und Ekzeme begünstigen eine Infektion.
20 Der Gebrauch von Spritzen, Nadeln und Drogenzubehör birgt bei unzureichenden hygienischen Bedingungen ebenfalls ein hohes Ansteckungsrisiko. Desgleichen ist dieser Risikofaktor in Krankenhäusern zu finden: einerseits in Ländern, deren Krankenhauswesen nicht denselben Hygieneansprüchen genügt wie dem in Westeuropa, andererseits durch Blutkonserven mit infizierten Blutspenden, die
25 aufgrund mangelnder Kontrolle in Umlauf gebracht werden. Das kann jeden einzelnen von uns treffen.
Dem entgegen enthalten Schweiß, Speichel, Tränenflüssigkeit und Urin weit weniger Viren, so dass man bislang davon ausgehen kann, dass die Gefahr der Übertragung des HI-Virus' über diese Körperflüssigkeiten auszuschließen ist.

30 Die Übertragung des Virus' bei Petting oder Küssen ist bisher nicht nachgewiesen und kann daher ausgeschlossen werden, sofern keine Verletzung vorliegt. Auch zahnärztliche Eingriffe bedeuten keine Infektionsgefahr durch die sterilisierten Instrumente, die das

Virus vernichten. Ebenso ungefährlich ist es, eine Toilette oder eine Wohnung mit einem HIV-infizierten Menschen zu teilen.
35 Setzt man sich den bekannten Gefahren nicht aus, hält man sich an Safer-Sex und achtet man auch im klinischen Bereich auf Hygiene und Desinfektion, kann das Ansteckungsrisiko also sehr wirksam minimiert werden. Besondere Beachtung sollte man offenen Wunden und Infektionen widmen, da über diese eine Ansteckung begünstigt wird.
40 Die AIDS-Prävention sollte alle angehen: Über AIDS sprechen, Mut zur Offenheit haben und sich genauso über den Schutz vor Viren unterhalten und austauschen wie über das aktuelle Sonderangebot im Laden um die Ecke – nur so können wir mit einer Erkrankung umgehen, deren Heilung seit Jahren Ziel vieler Forschungsprojekte ist.

HIV/AIDS in Deutschland – Eckdaten (Stand: Ende 2004*)

Schätzungen aus dem Robert-Koch-Institut

➤ **Menschen, die Ende 2004 mit einer HIV-Infektion leben:**	**~44.000**
Männer:	~34.000
Frauen:	~9.500
Kinder:	~300
darunter **Menschen, die mit AIDS leben:**	**~5.000**
➤ **Zahl der Neuinfektionen im Jahr 2004:**	**~2.000**
Männer:	~1.600
Frauen:	~400
Kinder:	~20
Infektionswege (geschätzt):	
Sexuelle Kontakte unter Männern:	55 %
Herkunft aus Hochprävalenzgebieten:	21 %
Heterosexuelle Kontakte:	15 %
i. v. Drogengebrauch:	8 %
Mutter-Kind-Transmission	1 %
➤ **Neue AIDS-Erkrankungen im Jahr 2004:**	**~700**
Männer:	~550
Frauen:	~150
Kinder:	<5
➤ **Todesfälle bei HIV-Infizierten im Jahr 2003:**	**~700**
➤ **Gesamtzahl der HIV-Infizierten seit Beginn der Epidemie:**	**~67.500**
➤ **Gesamtzahl der AIDS-Erkrankungen seit Beginn der Epidemie:**	**~28.000**
Männer:	~24.300
Frauen:	~3.600
Kinder:	<150
➤ **Gesamtzahl der HIV/AIDS-Todesfälle seit Beginn der Epidemie:**	**~23.500**

* Die vom Robert-Koch-Institut zusammengestellten Eckdaten sind Schätzwerte, die jährlich nach dem Stand der Erkenntnisse aktualisiert werden. Sie stellen keine automatische Fortschreibung früher publizierter Eckdaten dar und können daher nicht direkt mit früher publizierten Schätzwerten verglichen werden.

Allgemeine Informationen zu AIDS

1. Was heißt die Abkürzung AIDS?

A Aufklärung in der Sexualität
B *Acquired Immune Deficiency Syndrome*
C *Allocation in deep System*
D chemische Zusammensetzung der Stoffe A1, D und S

2. AIDS

A betrifft hauptsächlich Homosexuelle und Drogenabhängige.
B betrifft unter Umständen die Unter- und Mittelschicht.
C bedeutet aufgrund ihrer körperlichen Beschaffenheit ein erhöhtes Risiko für Frauen.
D ist ein Thema für alle.

3. Übertragungswege sind hauptsächlich

A Körperflüssigkeiten wie Tränen, Speichel oder Schweiß.
B Blut, Scheidenflüssigkeit, Samen.
C gemeinsames Benutzen von Besteck, Geschirr, Wohnung, etc.
D ungewaschene Hände.

4. Gefahren sind auszuschließen, indem

A man keinen geschützten sexuellen Verkehr zulässt.
B man nicht mehr zum Zahnarzt geht.
C man absolute Sauberkeit in der Wohnung walten lässt.
D man sich an Safer-Sex hält.

5. Keine Ansteckungsgefahr birgt / bergen

A eine mit Wasser gewaschene Nadel für eine Injektion.
B Petting.
C eine Pilzinfektion.
D (Zungen)Küsse.

6. Aufgrund von Aufklärungstexten und Werbung für Safer-Sex

A ist es nicht mehr nötig, über das Thema zu sprechen.
B kann man den Schutz auf den Gebrauch eines Kondoms beschränken.
C sollte man auf Offenheit und Austausch nicht verzichten.
D sind die Forschungsprojekte eingeschränkt worden.

Entwurf eines Werbespruchs oder eines Faltblattes zum Thema AIDS-Prävention:

Flussdiagramm

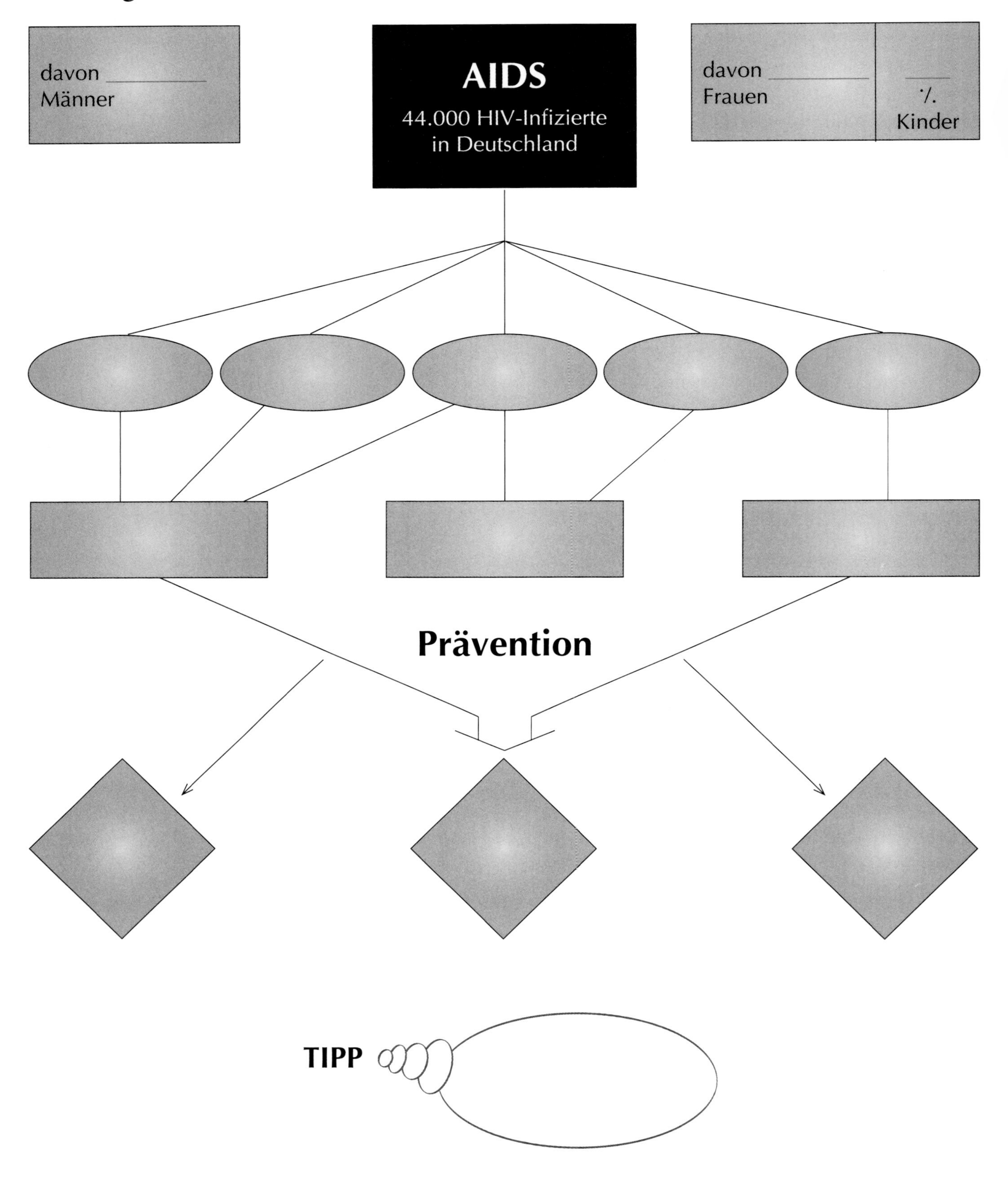

EINSTIEG:

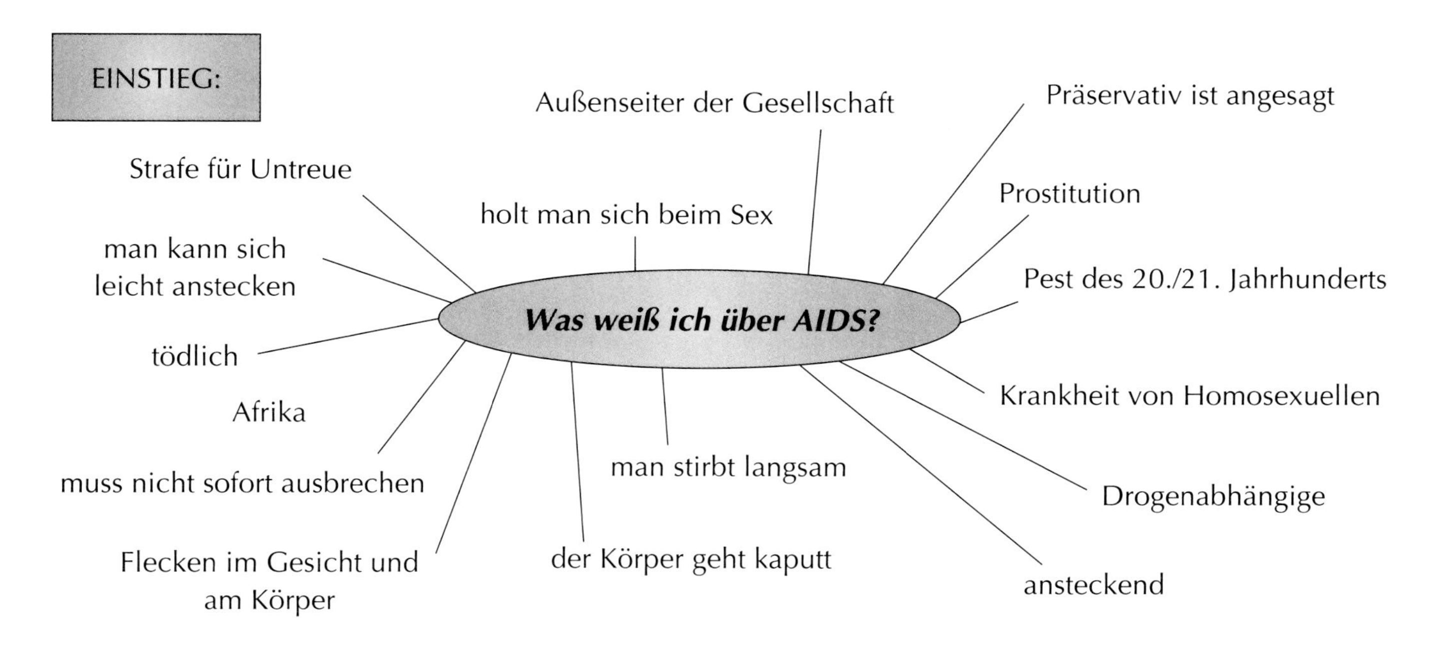

ABSÄTZE:

1. Problemfeld AIDS
2. Ansteckungswege / Gefahrenzonen
3. keine Infektionsgefahr / Gerüchte der Ansteckungsgefahr
4. Prävention / Schutzmöglichkeiten

Lösung Arbeitsblatt 1:

Allgemeine Informationen zu AIDS

1. B
2. C / D
3. B
4. D
5. B / C
6. C

Kreativer Ansatz (individuelle Lösung):

Passt man auf überall und immer,
wird der Zustand eben nicht schlimmer:
Achtet aber nicht nur auf eure Gesundheit,
sondern schenkt dem Infizierten Zuneigung und Aufmerksamkeit
… oder so ähnlich …

Lösung Arbeitsblatt 2:

Flussdiagramm

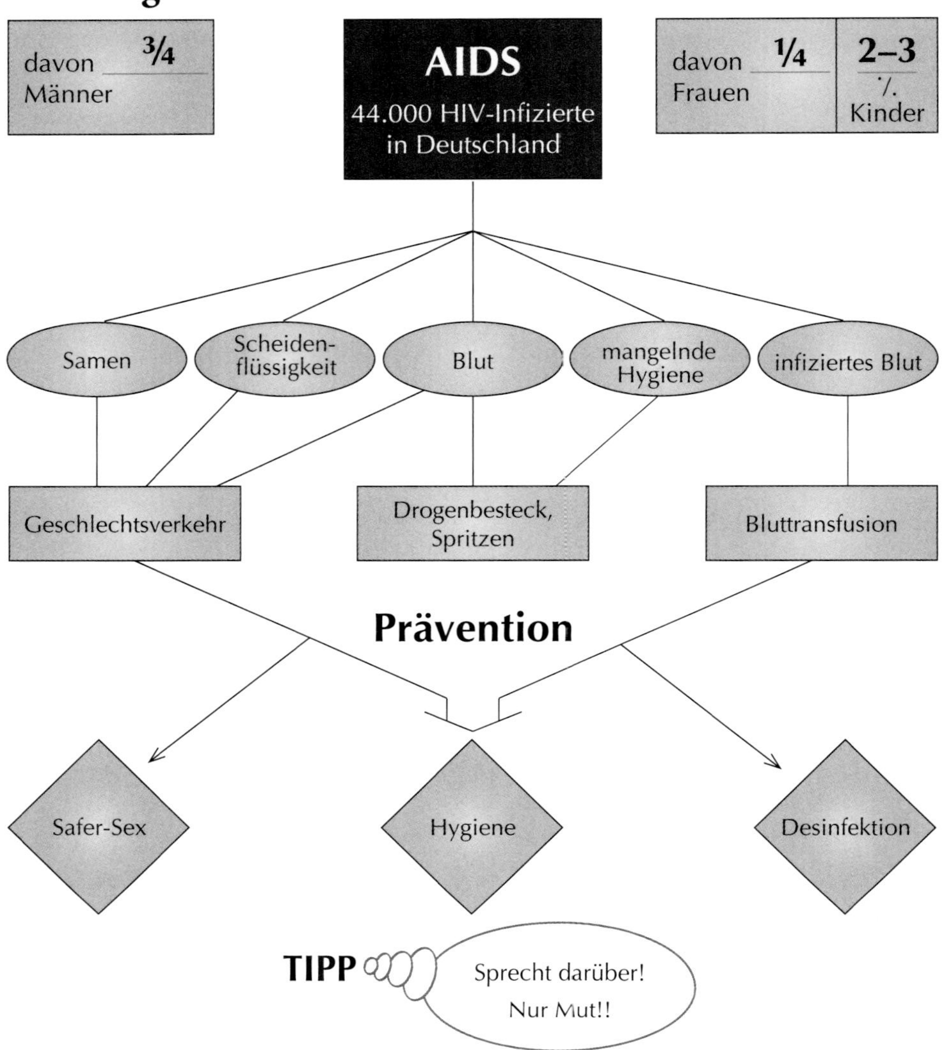

So wird ein Flyer gestaltet:

DIN-A4-Blatt Seite ①

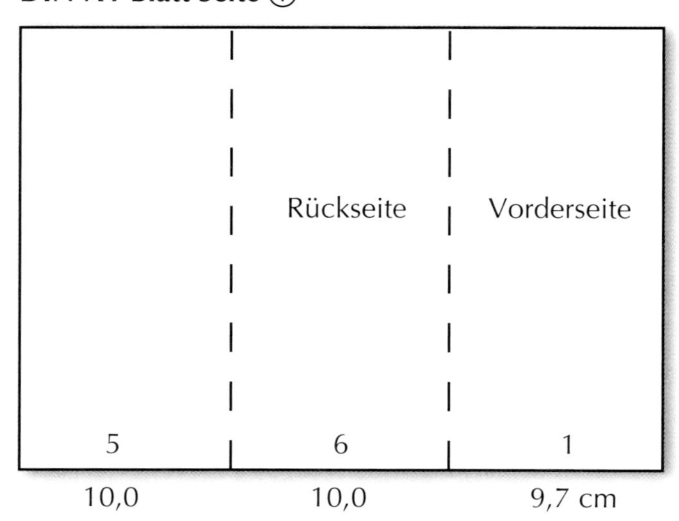

Seite ②

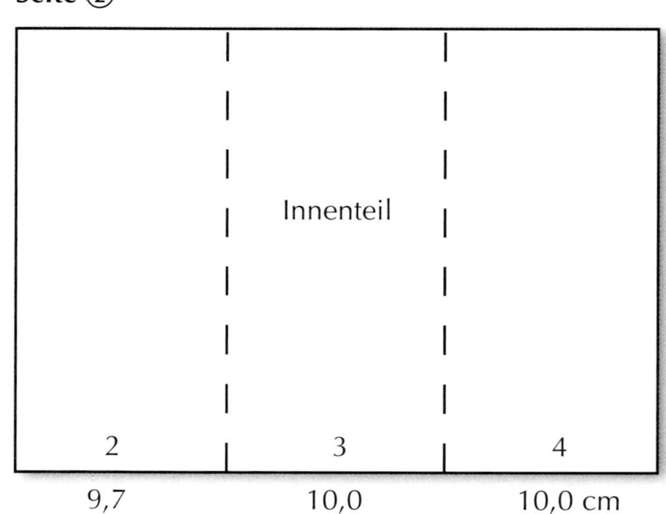

Von Schülern werden in der Ausbildung und während des Studiums Schlüsselqualifikationen verlangt. Diese richten sich nicht nur nach der Berufswahl und dem beruflichen Tätigkeitsfeld, sondern gelten allgemein für alle Schulabsolventen, ob Abitur, Mittlere Reife oder Hauptschulabschluss.
Die nun folgenden Arbeitsschritte sollen Klarheit über notwendige Qualifikationen, Werte und Arbeitshaltung geben und gleichzeitig eine Diskussion darüber anregen.

1. Einzelarbeit:

*Betrachte die Informationstabellen und Statistiken und stelle eine Liste der **Top Ten** zusammen: Welche Fähigkeiten und Fertigkeiten werden heutzutage von einem Berufsanfänger bzw. Azubi erwartet?*

2. Partnerarbeit:

*Vergleiche deine Aufstellung mit der deines Banknachbarn und einigt euch auf eine gemeinsame Liste der **Top Ten.***

3. Gruppenarbeit:

Vergleicht eure Listen mit denen anderer Gruppen und einigt euch erneut auf eine Hierarchie.

4. Plenum:

Diskutiert die Ergebnisse in der Klasse. Erstellt eine Klassen-Top-Ten-Liste, mit der alle zufrieden sind.
Wenn ihr Vorschläge macht, begründet sie (Argumente!)
Wie seid ihr vorgegangen? Wie sahen die Einigungsprozesse aus?
Welche Ergebnisse sind leicht, welche schwer zu erzielen?

Schlüsselqualifikationen: Die Stärken und die Schwächen

Auf die Frage „Wo sehen Sie bei den Schlüsselqualifikationen die Stärken und die Schwächen der Schüler?“ antworten so viel Prozent der Unternehmen

Stärken / geringe Schwächen / deutliche Schwächen

Teamfähigkeit	31	58	12
Kommunikatives Verhalten	26	61	13
Kooperation	23	65	12
Kritikfähigkeit	19	56	25
Leistungsbereitschaft	16	56	28
Zuverlässigkeit	15	63	22
Kreativität	14	64	22
Motivation	13	50	37
Belastbarkeit	11	52	38
Selbständiges Lernen	10	49	41
Logisches Denken	10	55	36
Verantwortungsbewusstsein	10	51	40
Zielstrebigkeit	10	60	31
Einstellung zur Arbeit	9	47	44
Beständigkeit	7	60	33
Konzentrationsfähigkeit	5	60	35
Planvolles Arbeiten	5	59	36

Quelle: Unternehmensbefragung, Institut der deutschen Wirtschaft Köln

Bildungslücken

So viel Prozent der Schulabgänger haben in diesen Disziplinen deutliche Schwächen

Hauptschüler / Realschüler / Abiturienten

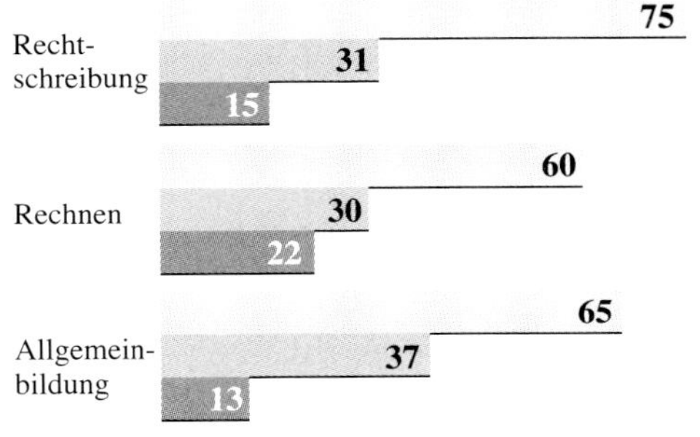

Quelle: Unternehmensbefragung, Institut der deutschen Wirtschaft Köln

Ausbildung: Was von Lehrlingen erwartet wird

Personalverantwortliche erwarten von ihren Azubis

Kaufmännische Berufe	Rang	Industriell-technische Berufe
Grundlegende Beherrschung der deutschen Sprache in Wort und Schrift	1	Lern- und Leistungsbereitschaft
Grundlegende Beherrschung einfacher Rechentechniken	2	Grundlegende Beherrschung einfacher Rechentechniken
Lern- und Leistungsbereitschaft	3	Grundlegende Beherrschung der deutschen Sprache in Wort und Schrift
Zuverlässigkeit, Qualitätsbewusstsein und Verantwortungsbereitschaft	4	Zuverlässigkeit, Qualitätsbewusstsein und Verantwortungsbereitschaft
Kooperationsbereitschaft und Teamfähigkeit	5	Kooperationsbereitschaft und Teamfähigkeit
Selbständigkeit, Initiative und Kreativität	6	Ausdauer, Durchhaltevermögen und Belastbarkeit
Kunden- und Service-Ortientierung	7	Selbständigkeit, Initiative und Kreativität
Ausdauer, Durchhaltevermögen und Belastbarkeit	8	Konflikt-, Kritikfähigkeit und Selbstbewusstsein

Quelle: IHK zu Köln 1999

TOP TEN DER AUSBILDUNGSBERUFE 2003

ZAHL DER AUSZUBILDENDEN ENDE 2003 IN DEUTSCHLAND

Junge Frauen		Junge Männer	
Bürokauffrau	46.645	Kraftfahrzeug-mechatroniker	78.442
Arzthelferin	46.180	Elektroniker (Energie- u. Gebäudetechnik)	38.793
Einzelhandels-kauffrau	39.780	Anlagenmechaniker (Sanitär, Heizung, Klimatechnik)	36.711
Zahnmedizinische Fachangestellte	39.634	Maler und Lackierer	31.764
Friseurin	38.688	Einzelhandels-kaufmann	30.868
Industriekauffrau	31.650	Koch	29.154
Fachverkäuferin (Nahrungsmittel-handwerk)	27.184	Metallbauer	27.323
Kauffrau für Büro-kommunikation	26.488	Tischler	25.125
Bankkauffrau	23.287	Groß- und Außen-handelskaufmann	22.592
Hotelfachfrau	22.564	Mechatroniker	19.666

Quelle: Statistisches Bundesamt

Begriffsnetz

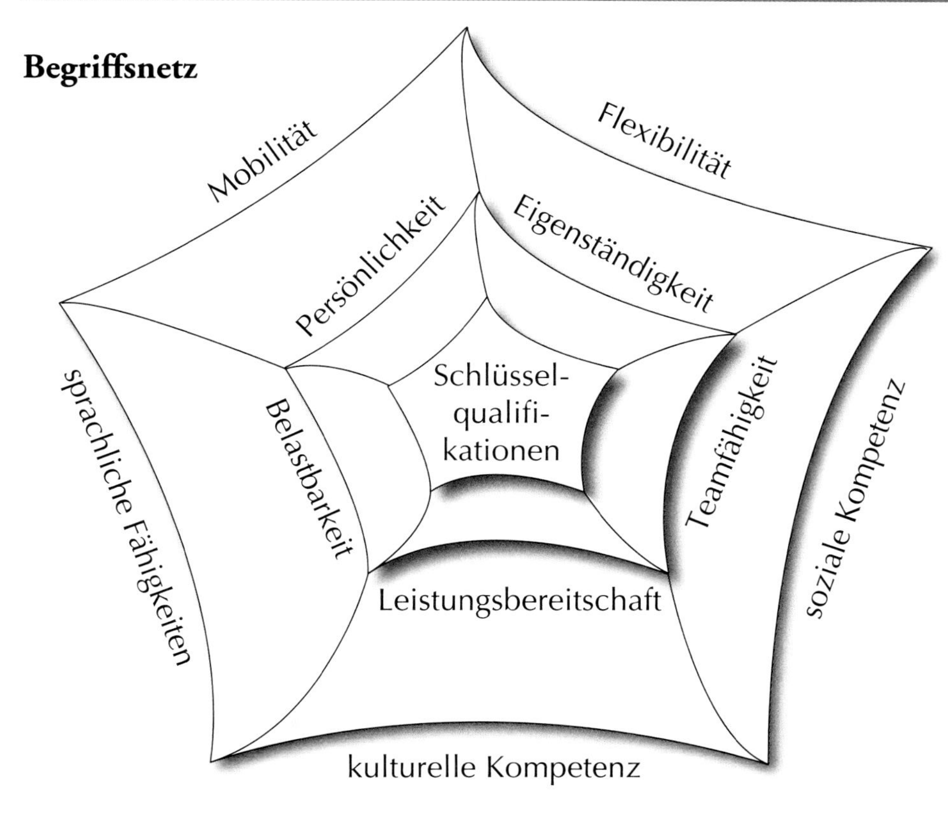

Fällt es den Schülern schwer, entscheidende Schlüsselqualifikationen zu finden, könnte man einzelne Silben an die Tafel schreiben und die Schüler zusammensetzen lassen – ein kleiner Ausschnitt:

Lei zia
er Eigen bi
stungs Kom kul
sön pe so dich
schaft tenz Mo
stän lich tät
reit keit tu pe
le Kom relle
keit li
tenz be

Persönlichkeit,
Eigenständigkeit,
Leistungsbereitschaft,
kulturelle Kompetenz,
soziale Kompetenz,
Mobilität

Liste der Top Ten *(eine mögliche Lösung)*

1 Leistungsbereitschaft
2 Kommunikatives Verhalten
3 Selbständigkeit im Lernen
4 Beherrschung der deutschen Sprache
5 Planvolles Arbeiten
6 Zuverlässigkeit
7 Teamfähigkeit
8 Computerkenntnisse
9 Kritikfähigkeit
10 Belastbarkeit

Im **Anschluss** daran kann man Unterschiedliches anschließen:

* verschiedene Argumente für Schlüsselqualifikationen aufgreifen und thematisieren
* Kriterien für Bewerbungsschreiben
* Rollenspiele zum Vorstellungsgespräch
* Eignungstests / Einstellungstests zur Vorbereitung
* Einführung in BOGY / Berufsorientierung
* Vor- und Nachteile von Einzel- und Gruppenarbeit (ergibt sich aus der Aufgabenstellung) – mögliches Tafelbild:

Einzelarbeit (Stillarbeit, Alleinarbeit)	Gruppenarbeit (arbeitsgleich/-teilig)
eigenes Lerntempo	Lärmpegel höher
Ruhe	gegenseitige Hilfe und Unterstützung
höhere Konzentration	‚Wir-Gefühl': sich arrangieren
Ergebnisse alleine bestimmen	sich durchsetzen, sich zurücknehmen
weniger Organisationsprobleme	Arbeitsteilung nach Fähigkeiten: mehr Kreativität
keine Kontrolle oder Verbesserung	mehr Wissen
	höherer Ertrag, bessere Ergebnisse

FAZIT: Ergebnis – Zeitaufwand

Gruppenarbeit:

1. *Bildet zu jedem der beiden Texte Gruppen mit 4–5 Mitgliedern.*
   Als Gruppe lest ihr einen der beiden Artikel über Ganztagsschule, markiert Schlüsselwörter und bearbeitet die Visualisierung.
2. *In jeder Gruppe wird eine kurze Gliederung mit den jeweiligen Argumenten (pro oder contra Ganztagsschule) vorbereitet, ergänzt mit Beispielen.*
   Das Los entscheidet, wer die Argumente am Rednerpult im Schlagabtausch mit einem Schüler der anderen Gruppe vortragen wird.
3. *Nach der Vorstellung aller Arbeitsergebnisse schließt sich eine Diskussion über Ganzstagsschulen an.*
4. *Weitere kreative Aufgaben:*
   Schaubild entwerfen, Vorschlag an den Bürgermeister der Gemeinde / Stadt formulieren, Leserbriefe schreiben, Tagebucheinträge eines Ganztagsschulkindes oder eines dort arbeitenden Lehrers.

Christiane Grefe

Fit für die Zukunft: Ein Plädoyer für die Ganztagsschule

Bei der globalen Konkurrenz-Regatta segelt Deutschland hoffnungslos hinterher – wenn man den Katastrophen-Szenarien selbsternannter Schul- und Bildungsexperten glaubt. „Alarmierend", „erschreckend": So geißeln Politiker und Publizisten eine angeblich kaum des Lesens und Schreibens mächtige Horde von Schulabsolventen, die alles Mögliche sei – nur nicht „fit für die Zukunft".
5 (...)
Tatsächlich liegt die Forderung, die Schule nur auf vage Arbeitsmarktprognosen hin auszurichten, selbst auf tiefem Niveau: dem der Kaffeesatzleserei. Nebulös und widersprüchlich ist zudem das Bild jener „Wissens- und Informationsgesellschaft", auf deren Bedarf man die Kinder zugeschnitten haben will: „Das Wissen" verdoppele sich in immer kürzeren Abständen, heißt es immer wieder – im selben Atemzug
10 aber soll es rasend schnell veralten. „Was sind das überhaupt für merkwürdige Wissensmengen", spottet da der Münchner Semiotiker Hermann Sottong, „die wie Wegwerfware produziert, konsumiert und wieder entsorgt werden müssen?" Nein, die gestrenge Schul-Schelte im „Vorgesetzten-Ton", wie Hans Magnus Enzensberger das nennt, ist vor allem eines: so alt wie die Welt.
Doch sie wird gehört: Eltern fordern laut GEO-Wissen-Umfrage mehr Berufsvorbereitung statt einer
15 umfassenden geistigen und menschlichen Bildung ihrer Kinder. Und selbst erstklassige Gymnasiasten sind von den Verfallsklagen erschlagen: „Eine Schafherde", so lust- und ziellos charakterisierten Schülerzeitungs-Redakteure ihre Altersgenossen bei einem Seminar der Hypo-Vereinsbank in München; „total orientierungslos", „glauben an nichts, wollen nichts". All das lässt vermuten, dass nicht ein ideologisch verstellter Blick in die Zukunft Ansätze für notwendige Bildungsreformen erkennen lässt, sondern der
20 nüchterne auf die Gegenwart.
Hier und heute zeigt es sich dann ganz konkret: Auf keinen der einschneidenden Umbrüche, denen Kindheit und Jugend seit Jahrzehnten ausgesetzt sind, hat das Bildungssystem bisher angemessen reagiert. Der wachsenden Macht der Medien, zunehmender Mobilität, größerer sozialer Ungewissheit, Arbeitslosigkeit und dem immer festeren Zugriff der Konsumindustrie auf die Freizeit von Alice im
25 Plunderland kann aber die heutige Familie allein kaum mehr gegensteuern.
Denn diese ist ja nicht nur zur Kleinst-Familie geschrumpft, sondern auch noch zerrissen zwischen Geschwindigkeitsunterschieden: Eltern- und Kinderaufbrüche und -heimkünfte zu jeweils verschiedenen, sich ständig ändernden Tageszeiten; Kinder unter Leistungsdruck mit arbeitslosen Eltern; Eltern in Terminhetze mit herumlungernden Kindern.
30 Das entstandene Bildungs- und Erziehungs-Vakuum soll und muss nun die Schule füllen. Mehr

Schul-Aufgaben aber dauern. Und somit braucht auch dieses Land etwas, was andere längst haben: die Ganztagsschule als Regelschule, bis 15.30 Uhr, für alle Altersgruppen. Als längst fällige Reaktion auch auf noch andere Veränderungen:

Zeit zum Spielen. Früher zogen Jungen und Mädchen nach dem Mittagessen bis abends auf die Straße; was 35 sie solange unternommen hatten, ging zu Hause niemanden etwas an. Ein solch spontanes Eigenleben der Kinder ist heute nicht mehr selbstverständlich: Wohnumgebungen sind autogerecht verbaut, die Nachmittage mit Terminen verplant, und insbesondere in Städten ist die „Kinderdichte" gering. Es mag manchen absurd erscheinen, Frei-Räume ausgerechnet im pädagogischen Kontrollzentrum Schule inszenieren zu wollen. Doch Reformschulen haben vielfach vorgemacht, wie aus Lernkasernen Lebensräume 40 mit Abenteuer-, kreativen Entfaltungs- und Rückzugsmöglichkeiten werden können. Schon wenn der Schulhof auch nachmittags geöffnet wird, kommen selbst Unterrichtsmuffel freiwillig wieder.

Zeit für Gemeinschaft. Die meisten Jungen und Mädchen wachsen ohne oder mit nur einem Geschwister auf. In Zeiten hoher Scheidungsziffern erzieht rund ein Fünftel der Eltern – und sei es zeitweise – allein. Jedes dritte Kind verbringt die Nachmittage ohne Betreuung; auch allein mit seinen Problemen. Dass 45 „Schlüsselkinder" oft passiv vor Computerspielen oder dem Fernseher sitzen, ist nicht nur ein Klischee. Mit jenen überversorgten Sprößlingen, deren Mütter täglich Tourneen durchs Förder- und Freizeitangebot organisieren, haben sie das Defizit an sozialen Erfahrungen gemein. In der Ganztagsschule hingegen haben die Kinder weit größere Chancen, Anerkennung zu ernten, als im Korsett des reinen Fachunterrichts. Wo Schüler den Lehrern nicht nur von Uhr-bis-Uhr, sondern auch beim Essen, in der Bibliothek oder bei 50 einer Rockmusical-Inszenierung begegnen, da kann zudem eher ein Vertrauensverhältnis entstehen.

(...)

Zeit für Verantwortung. In großen Familien oder funktionierenden Nachbarschaften hatten Kinder Aufgaben: auf die Geschwister aufpassen, der Oma nebenan Essen bringen. Heute sind die Jungen und Mädchen aus der Erwachsenenwelt ausgeklammert, werden kaum mit der Arbeitswelt konfrontiert, 55 haben über die allmächtigen Lehrer und Eltern hinaus nur selten eigene Beziehungen zu Erwachsenen. In ihren Gleichaltrigen-Gettos herrscht der wattige Zustand ewiger Vorbereitung aufs „eigentliche" Leben. In Ganztagsschulen haben sie Zeit, gemeinsam mit erwachsenen Experten an etwas zu arbeiten: einer Solaranlage, dem kalten Büfett für den Vortragsabend. Und sie übernehmen Verantwortung: für die Klassenzimmerpflanzen, für die Schul-Homepage im Internet oder für die Jüngeren. So sind sie wichtig. 60 Und können sich auch so fühlen.

Zeit für Erlebnisse. Kinder tauchen immer öfter ab in virtuelle Welten. Und aus den Medien haben sie von allem schon gehört – von Smogalarm, Regierungs- oder Prominentenehe-Krisen. Doch die Kluft zwischen der frühen Informiertheit und der Erfahrungsreife ist groß: Orientierung – also die Fähigkeit, Informationen auch zu bewerten – schafft erst der Abgleich mit eigenem Erleben. Von ganzen Tagen 65 im Wald über den Besuch im Bildhauer-Atelier bis zum gemeinsamen Lernen mit Kindern aus anderen Schichten ist in der Ganztagsschule auch für Unmittelbarkeit mehr Zeit: „Wir haben nur eine Kindheit", sagt Hartmut von Henlig, „und die ist für die elementaren Erfahrungen da."

Zeit zum Wissen-Lernen. Zugleich müssen sich Kinder mit einer immer komplexeren Welt, also auch immer Neuem auseinandersetzen: Kaum sind Sexualerziehung, Drogeninformation, interkulturelles Lernen und 70 umweltbewusstes Verhalten in den Stundenplan integriert, da wird schon mangelnde ökonomische und juristische Kenntnis beklagt und Gesundheitserziehung gefordert, und auch dieses: „Europa muss im Kopf beginnen!"

Den Computer beherrschen Kinder zwar munter von selbst. Aber sie brauchen Anstöße, wie man Informationen kritisch bewertet: Von wem stammen sie? Was sollen sie bezwecken? Wie verlässlich sind 75 sie? All das macht die Bildung in den klassischen Schulfächern noch notwendiger. Denn allen Internet-Euphorikern zum Trotz kann keine Datenbank die eigene Auseinandersetzung mit Homer und Heisenberg, Kant und Knallgas, Bismarck und Bartók ersetzen: Nur wer etwas weiß, kann Fragen stellen, politische Urteile fällen – und, vor allem, Zusammenhänge erkennen.

Und das alles sollen Mama und Papa, die „Hilfslehrer der Nation", ihren Sprösslingen am Küchentisch

80 ganz allein eintrichtern? Die Vorstellung ist vermessen; abgesehen davon, dass die Eltern oft überhaupt nicht verfügbar sind.

Zeit zum Denken-Lernen. Gewiss können auch Ganztagsschulen neue Ansprüche nicht einfach durch zusätzliche Unterrichtsstunden bewältigen. Aber sie bieten die besseren Voraussetzungen dafür, Kinder durch Projektarbeit selbständig zu machen. Denn wichtig ist nicht die schiere Menge des Wissens, 85 sondern dass man an Beispielen lernt, es sich auch zu erschließen: „Wer denken lernt", sagt der Präsident der Carnegie-Stiftung, Vartan Gregorian, „kann alles denken." Nur wer auf Vormittag und Nachmittag baut, kann den sturen 45-Minuten-Unterrichtsrhythmus zugunsten offener Lernzeiten und Pausen durchbrechen. So können langfristige Projekte möglich werden – und individuelle Lern-Rhythmen. Kinder, die Themen – ob allein oder im Team – selber auswählen, planen und umsetzen, lernen mit 90 größerer Motivation: Wird ihnen etwas zugetraut, dann trauen sie sich auch selbst etwas zu.

Beweglichkeit in den Stundenplänen ermöglicht zudem, theoretisches Lernen mit praktischen Erfahrungen zu verbinden – und das quer durch die Disziplinen: Da denken sich Schüler ein Produkt aus und gründen für dessen Herstellung oder Vertrieb eine Firma, gemeinsam mit einem Betriebswirt, der Kunst- und der Gemeinschaftskundelehrerin. Oder sie diskutieren im Unterricht den historischen Weg zur Demokratie 95 und lernen diese zugleich praktisch bei den täglichen Entscheidungen und Konflikten in der Schule.

Es ist gewiss kein Zufall, dass an den lebendigsten Reformschulen auch nachmittags gelernt wird. Dort trifft man auf selbstbewusste Kinder mit eigenen Antrieben: bei ihrer Arbeit kaum ansprechbar. In ihrer natürlichen Neugier sind sie wandelnde Belege dafür, dass „Pauken" und „Spaß" eben *kein* Gegensatz sein müssen.

100 Über all diese pädagogischen Vorzüge hinaus würde die Ganztagsschule mehr Gerechtigkeit schaffen: Teure Nachmittagsbetreuung oder Privatschulen können sich nur wenige Familien leisten. Dass Väter und Mütter bei verlässlichen Unterrichtszeiten Beruf und Familie besser unter einen Hut kriegen, ist ein gewichtiges Argument.

Indes auch eines der umstrittenen: Kaum sonstwo wird der Einfluss der Eltern, meist der Mütter aufs 105 „eigene" Kind so leidenschaftlich verteidigt wie hierzulande, obwohl die Kinder in der Schule ja nicht für immer verschwänden und die Wirklichkeit ihrer Betreuung zu Hause längst entwichen ist. In England, Frankreich, Italien, der Schweiz, auch in den USA verbringen Jungen und Mädchen ganz normal ihren Tag in der Schule und nehmen deren Freizeit- und Förderangebote selbstverständlich an.

In Deutschland aber findet nur etwa jedes 20. Kind einen Ganztagsplatz. Statt die Ursache dafür, das 110 Finanzproblem, anzugehen, mystifizieren die einen „Überpädagogisierung" und angeblichen „Stress" – und warnen die anderen vor „Kuscheleckenpädagogik".

Ganz im ritualisierten Schema der Bildungsdiskussion: Erziehen *oder* möglichst viel Stoff pauken? Ehrgeiz fördern *oder* soziales Einfühlungsvermögen? Die humanistische Bildung retten *oder* Informatikexperten züchten? Lernen lernen *oder* einen Wissenskanon?

115 Als wären das Alternativen!

Auch deshalb ist die Ganztagsschule wichtig: Dort lernen Kinder die ganze Bandbreite – nicht *oder*, sondern *und*.

(GEO-Wissen, Hamburg, 1/1999. S. 20–22)

Fit für die Zukunft: Ein Plädoyer für die Ganztagsschule

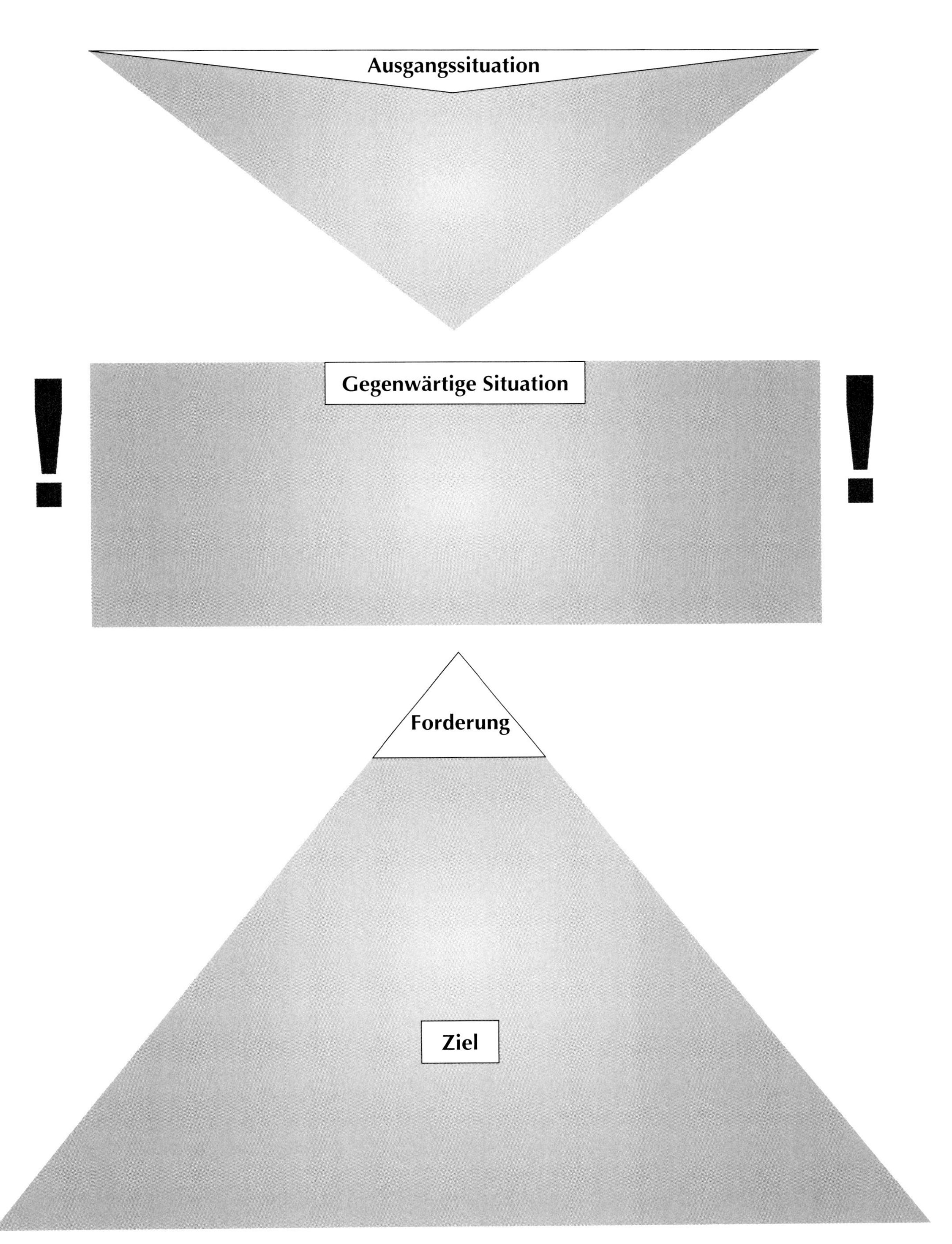

Gesine Heddrich

Bikinimodell oder Maßanzug?

Die Ganztagsschule als Antwort auf Bildungsstudien und -nöte

Die Ganztagsschule an und für sich ist grundsätzlich zu befürworten, da sie auf eine gesellschaftliche und marktwirtschaftliche Entwicklung reagiert, die im Leben von Familien ihren Niederschlag findet. Denn es gilt nach wie vor auf das Wohl der Kinder zu achten und einzuwirken.
Die Ganztagsschule ist ein Traum: der Traum berufstätiger Eltern ohne Zeitdruck und schlechtes Gewissen zu leben, weil ihre Kinder gut versorgt und betreut sind in den Händen engagierter und motivierter Pädagogen, der Traum des ertragreichen, in angemessenen Lerngruppen und einem positiven Lernklima stattfindenden Lernens für das Leben. Der Traum von nach neuesten Erkenntnissen eingerichteten Klassenräumen und entsprechendem Mobiliar. Der Traum von dem erzieherischen Auftrag, Wissen, Kompetenzen und moralische wie kulturelle Werte zu vermitteln, indem die Individualität ebenso garantiert ist wie Gemeinschaft und Gruppenarbeit.

Immer mehr Schulen nutzen die für die Errichtung von Ganztagsschulen bereit gestellten Bundesmittel – insgesamt 4 Milliarden – um Schulanlagen auszubauen, Freizeit- oder Speiseräume zu finanzieren und das schulische Angebot zu erweitern.
Möchte dabei der Bürgermeister die Baukosten für die Gemeinde senken, indem er hohe Zuschüsse erhält? Möchte der umtriebige Direktor einer Schule dem modernen Trend des Oberschulamtes bzw. Regierungspräsidiums folgen und schnell reagieren, bevor die finanziellen Mittel erschöpft sind? Oder sind es gar die Lehrer und Pädagogen, die wertvolle Konzepte erarbeiten und diese enthusiastisch umsetzen, weil sie an die Idee der Ganztagsschule glauben und sie verwirklichen wollen?
Die Antwort darauf ist schwierig; so schwierig es eben ist, europäische Schulmodelle auf Deutschland zu übertragen, ohne tatsächlich alle Mittel dafür aufbringen zu können.
Das Bildungsministerium wirbt mit dem viel versprechenden Slogan „Ganztagsschulen. Zeit für mehr" – aber hat man sich auch die Zeit genommen, dieses ‚Mehr' zu planen und zu gestalten?
Viele der neuen Ganztagsschulen degenerieren zu Halbtagsschulen mit Cafeteria und nachmittäglichen Arbeitsgemeinschaften. Das sogenannte Bikinimodell verbindet eben nicht unterrichtliche Ansätze des Vormittags mit Projekten, die am Nachmittag diese Ansätze erweitern und intensivieren. Vielmehr handelt es sich um Arbeitsgemeinschaften, die zusätzlich und unabhängig vom Lehrplan zur freien Auswahl der Schüler angeboten werden sollen. Häusliche Defizite, zum Beispiel in Form von Förderunterricht für ausländische bzw. lernschwache Mitschüler, werden nicht kompensiert und auch die Förderung begabter Schüler durch Forschungsprojekte lässt auf sich warten.
Die bisherige Umsetzung der unterschiedlichen Konzepte hat gezeigt, dass die Aufhebung des 45-Minuten-Takts nur äußerst selten umgesetzt worden ist. Nach wie vor herrscht das enge Korsett zwischen zwei Klingeltönen und einer starr gestalteten Stundentafel, die Lehrenden und Lernenden kaum Freiraum für individuelle und bedürfnisorientierte Gestaltung lässt.
Genauso häufig lässt das Lernumfeld zu wünschen übrig. Man sucht vergebens nach Räumlichkeiten, die Ruhe und Entspannung bieten oder die Konzentration fördern.
Das größte Problem bildet die Personaldecke, die vielerorts zu dünn ist. Statt mehr Lehrer, Sozialpädagogen und Aufsichtspersonal einzustellen, um kleinere Lerngruppen zu ermöglichen, sollen Eltern in der Kantine kochen und Vereinsmitglieder das Freistundenprogramm gestalten.
Geht man aber davon aus, dass 60% der Mütter heutzutage berufstätig sind und gerade diese durch das Angebot der Ganztagsschulen entlastet werden sollen, kann man unmöglich erwarten, dass sie sich für die Betreuung und Beschäftigung der Schüler gewinnen lassen. Genauso wenig sind ehrenamtlich tätige Vereinsmitglieder in der Lage, am Nachmittag Aktivitäten anzubieten, wenn sie noch berufstätig sind. Doch die Politiker rechnen damit, dass sportliche, künstlerische und musische Aktivitäten von

außenstehenden ‚Profis' angeboten und durchgeführt werden.
45 Grotesk wirkt geradezu die Vorstellung von manchen Politikern, dass Lehrer ihren Unterricht vorbereiten oder korrigieren, während sie Hausaufgabenbetreuung oder Aufsicht in einem Arbeitsraum, einer Bücherei oder einem Internetcafé durchführen.
Die entstehenden höheren Betreuungskosten, die sich aus dem Ganztagsschulsystem ergeben, werden von den Politikern gern in ihrer Kostenkalkulation unterschlagen, weil sie ihren Wählern angesichts
50 knapper finanzieller Mittel eher erforderliche Umbaumaßnahmen und Ausstattungen wie Kantinen und Aufenthaltsräume von Schulen präsentieren wollen.

Kommt Zeit, kommt Rat?
Der Glaubenskrieg um die Ganztagsschule als Allheilmittel für Bildungsmisere und andere gesellschaftliche
55 Probleme wird zwischen 16 Bundesländern geführt: Viele unterschiedliche Konzepte und überall knappe öffentliche Mittel. Wenn man in der Bildungspolitik einen neuen Weg einschlagen will, muss man vor allem auch die zu Wort kommen lassen, die gemeinsam mit den Schülern das Konzept der Ganztagsschule umsetzen müssen: die Lehrer und Pädagogen. Diese wissen, wo Defizite zu beheben und welche Maßnahmen im schulischen Alltag zu ergreifen sind.
60

Die notwendige individuelle Betreuung und Wissensvermittlung darf nicht einem kollektiv übergestülpten Modell geopfert werden. Klassenstärken (zwischen 33 und 36 Schüler pro Klasse) passen nicht zum Anspruch der Ganztagsschule. Wo sind die Jahrgangsteams, die langfristigen Projekte, die Gruppen- und Freiarbeitsräume, die Förder- und Neigungskurse, die bessere Leistungen der Schüler sowohl auf
65 kognitiver wie auf methodischer Ebene bewirken sollen? Durch Schnellschüsse und aus dem Boden gestampfte Modelle ist eine ‚gute', ‚verbesserte' Schule kaum zu bekommen.
Das Bikinimodell ist bereits jetzt ein Ladenhüter, aber auf den maßgeschneiderten Anzug, der die Bedürfnisse der lernenden Kinder und Jugendlichen gleichsam nahtlos und harmonisch vereint mit den Lebensentwürfen der Eltern und den hoch fliegenden Erwartungen der Pädagogen, müssen wir noch
70 lange warten.

Bikinimodell oder Maßanzug?

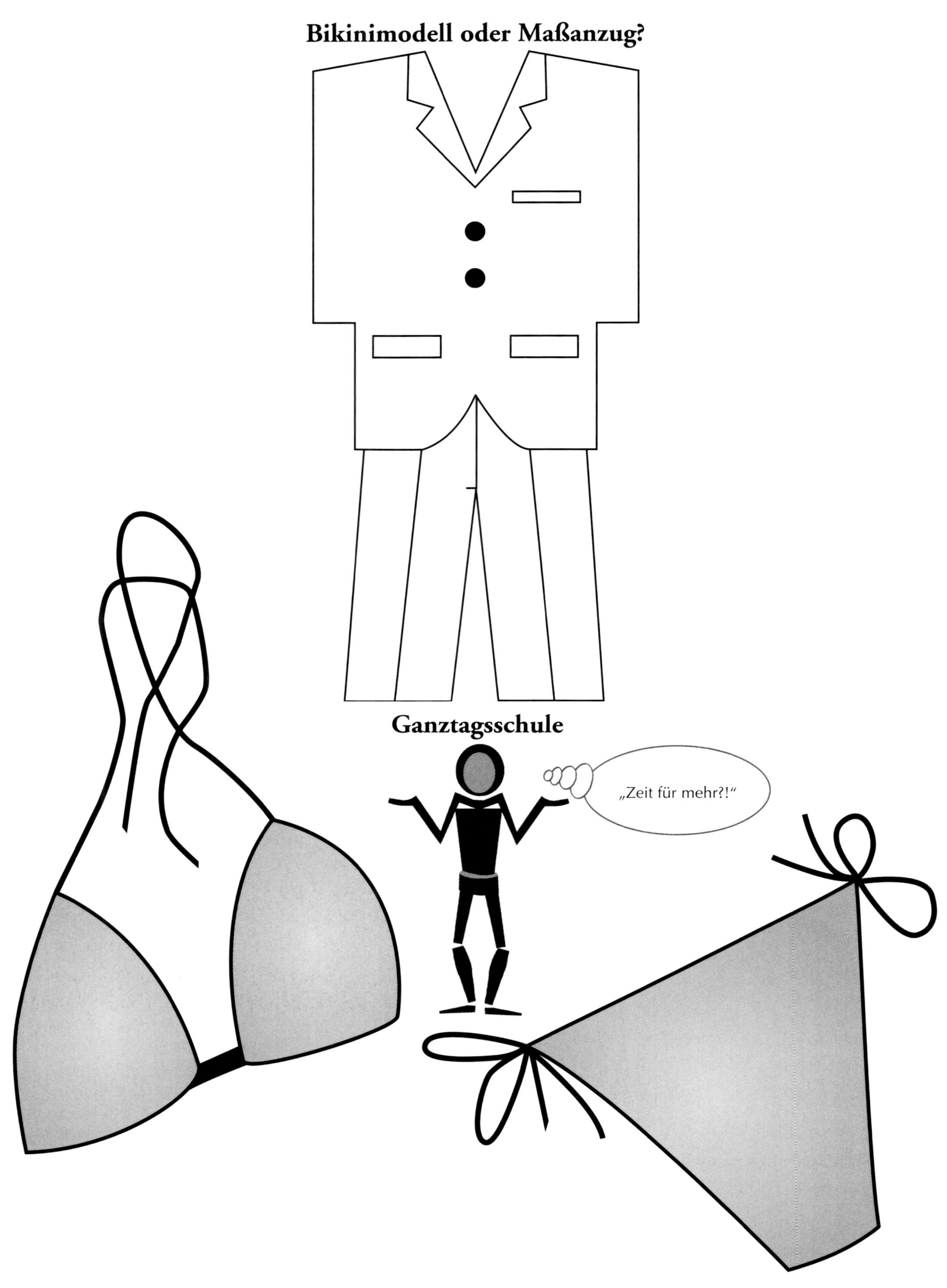

1. *Finde heraus, welche gravierenden Unterschiede zwischen Ost- und Westdeutschland bestehen. Welche Kenntnisse sind im Westen und welche im Osten hoch angesiedelt?*
2. *Wie erklärst du dir diese Unterschiede?*

Was sollten Kinder unbedingt in der Schule lernen?

Angaben in Prozent	Gesamtdeutschland	Westdeutschland	Ostdeutschland
Sehr gute Deutschkenntnisse, gute Rechtschreibung	73	74	73
Moderne Sprachen wie Englisch, Französisch und Spanisch	53	55	43
Selbständig arbeiten	48	47	51
Den Umgang mit dem Computer, mit dem Internet	45	45	43
Selbstbewusstsein entwicklen	44	44	45
Sehr gute Mathematikkenntnisse, gut rechnen können	38	36	46
Teamfähigkeit, dass man mit anderen gut zusammenarbeiten kann	31	32	27
Umgangsformen wie Höflichkeit, Rücksichtnahme, gute Marnieren usw.	29	29	30
Umweltbewusstsein	24	25	20
Naturwissenschaftliche Kenntnisse in Biologie, Chemie und Physik	24	21	36
Sich gut durchsetzen können	23	22	26
Selbstbeherrschung, Selbstdisziplin	21	20	24
Toleranz, Verständnis für andere Religionen und Kulturen	20	21	18
Ehrgeiz entwickeln	20	19	24
Demokratieverständnis erwerben, demokratische Spielregeln	19	20	14
Phantasie und Kreativität entwickeln	19	19	17
Die Zusammenhänge zwischen Politik und Wirtschaft verstehen	18	18	19
Kritikfähigkeit, Protestfähigkeit	18	18	15
Politische Bildung	18	19	13
Historische Kenntnisse, Geschichte	16	17	14
Wirtschaftliches Verständnis	15	15	14
Praktische Fertigkeiten wie Kochen, Handarbeiten, Werken	14	14	14
Musische Erziehung, Musik und Kunst	11	11	12
Religion	8	8	5
Geisteswissenschaften wie Philosophie und Soziologie	5	6	4
Alte Sprachen wie Latein und Altgriechisch	4	4	3
Anderes	1	1	0,5
Weiß nicht/keine Angabe	1	1	1

Umfrage Institut für Demoskopie Allensbach in: GEO-Wissen, Hamburg, 1/1999, S. 22

Fit für die Zukunft: Ein Plädoyer für die Ganztagsschule

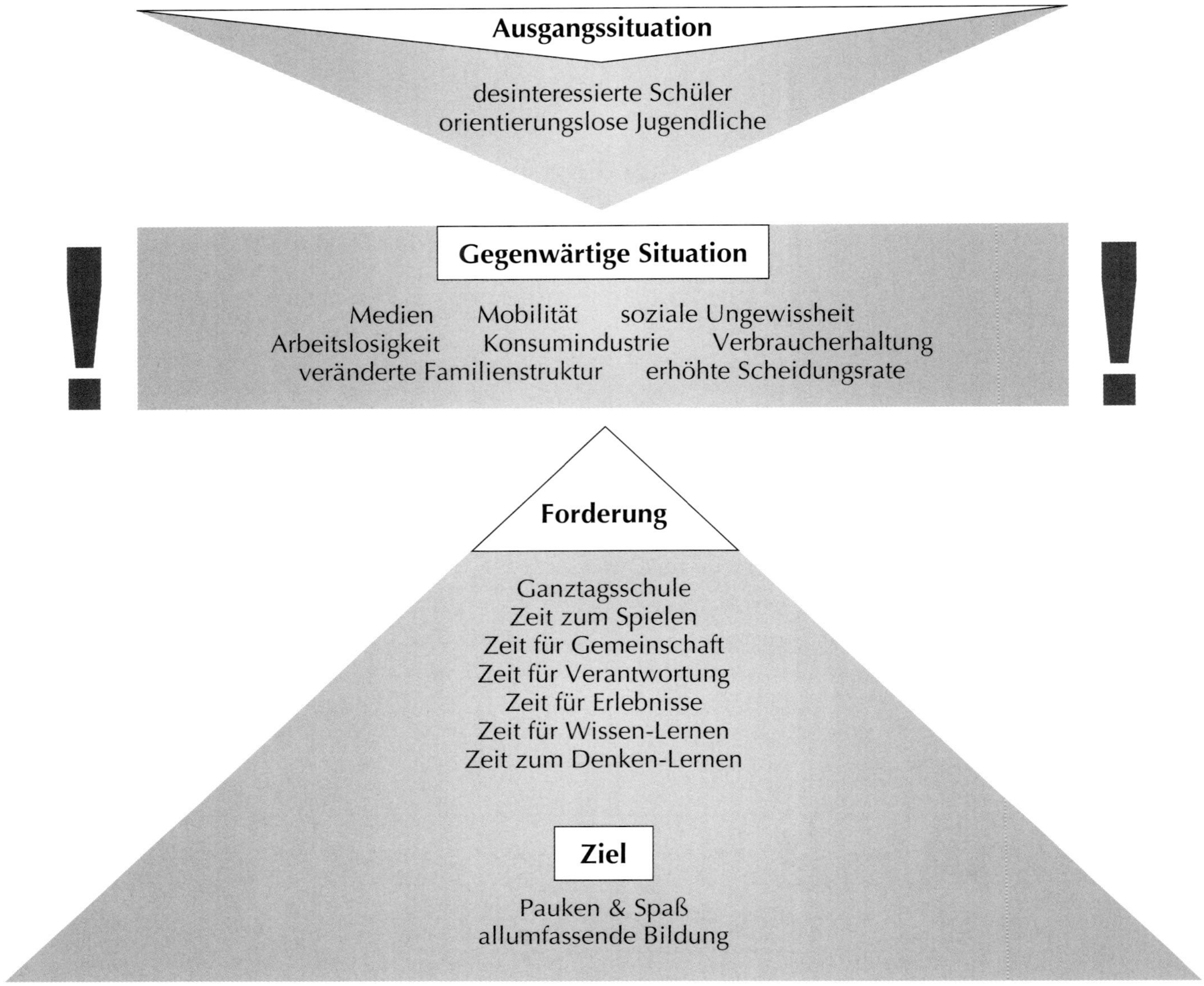

Ausgangssituation

desinteressierte Schüler
orientierungslose Jugendliche

Gegenwärtige Situation

Medien Mobilität soziale Ungewissheit
Arbeitslosigkeit Konsumindustrie Verbraucherhaltung
veränderte Familienstruktur erhöhte Scheidungsrate

Forderung

Ganztagsschule
Zeit zum Spielen
Zeit für Gemeinschaft
Zeit für Verantwortung
Zeit für Erlebnisse
Zeit für Wissen-Lernen
Zeit zum Denken-Lernen

Ziel

Pauken & Spaß
allumfassende Bildung

Westdeutschland	Ostdeutschland
↑ hoch im Kurs stehen	↑
① moderne Fremdsprachen < da Reisen, Globalisierung	Mathematikkenntnisse < da in der ehemaligen DDR dieses Fach nicht als ‚ideologisch', sondern als ‚neutral' betrachtet wurde
② Demokratieverständnis / politische Bildung < da gesellschaftliche Bedingungen seit 1945 weg von Diktatur	naturwissenschaftliche Kenntnisse < weniger ‚ideologisch' als Geisteswissenschaften, eher ‚messbar'
③ Teamfähigkeit < da Einforderungen der Wirschaft, Industrie	sich durchsetzen können < da sie das nach dem Mauerfall im kapitalistischen Westen neu empfunden haben
④ Umweltbewusstsein < da unterschiedliche Parteien im Westen unterschiedliche Schwerpunkte setzen, Zukunftsorientierung	Ehrgeiz entwickeln < da am westlichen Niveau orientiert

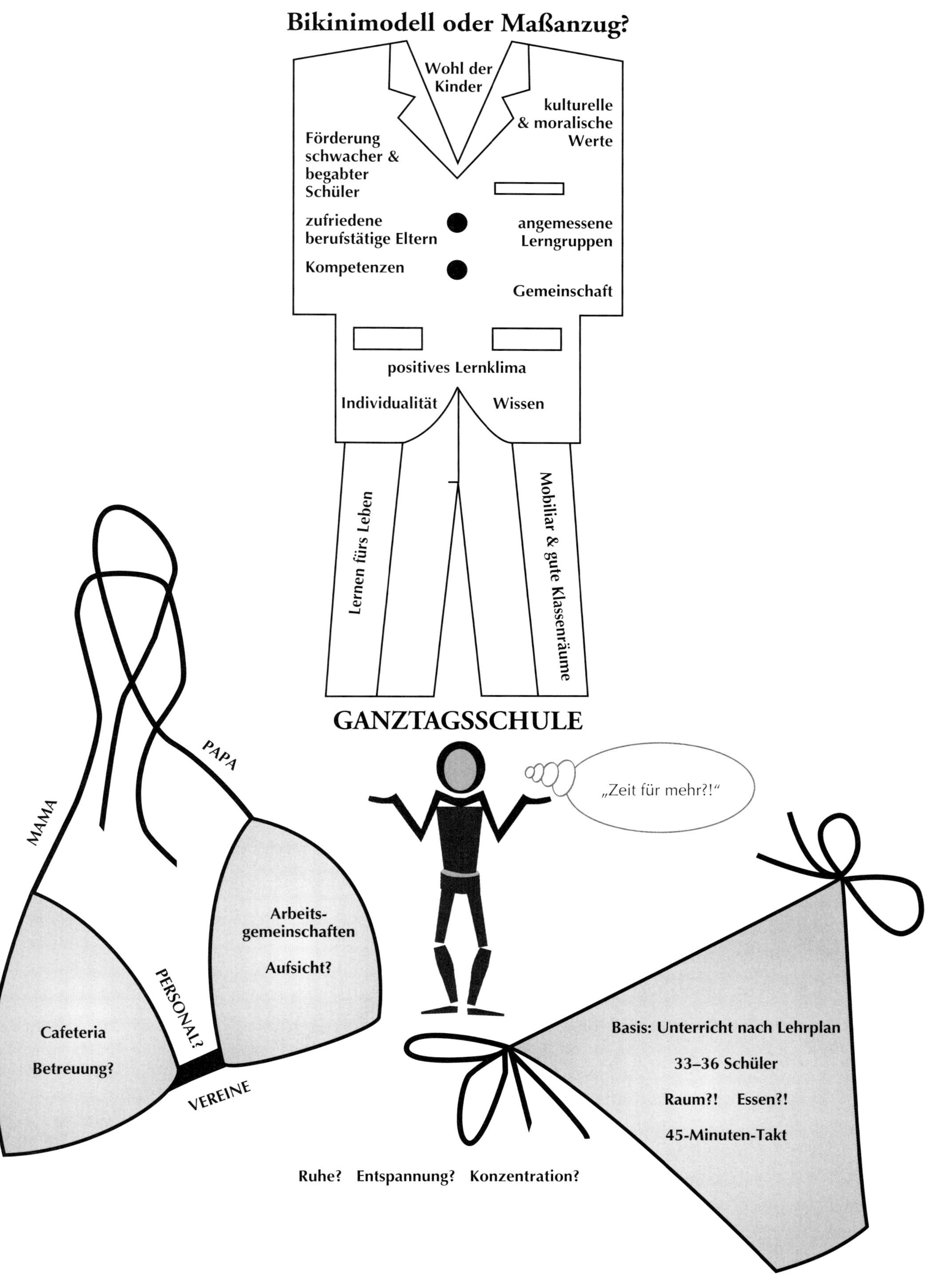
Bikinimodell oder Maßanzug?
Wohl der Kinder
kulturelle & moralische Werte
Förderung schwacher & begabter Schüler
zufriedene berufstätige Eltern
angemessene Lerngruppen
Kompetenzen
Gemeinschaft
positives Lernklima
Individualität
Wissen
Lernen fürs Leben
Mobiliar & gute Klassenräume
GANZTAGSSCHULE
„Zeit für mehr?!"
PAPA
MAMA
Arbeits-gemeinschaften
Aufsicht?
PERSONAL?
Cafeteria
Betreuung?
VEREINE
Basis: Unterricht nach Lehrplan
33–36 Schüler
Raum?! Essen?!
45-Minuten-Takt
Ruhe? Entspannung? Konzentration?

1. *Informiere dich über die Situation der Familie in den letzten dreißig Jahren, indem du die Schaubilder und Diagramme heranziehst.*
   Welche Tendenzen kann man hier ablesen?
2. *Ergänze den unten angeführten Text. Denke daran, dass nicht Prozentzahlen gefragt sind, sondern Umschreibungen wie 'ein Drittel', 'die Hälfte' oder Verben wie 'halbieren', 'verdoppeln', 'sinken' oder 'steigen'.*
3. *Für die ganz Schnellen: Aus dem Text und dem Vergleich der Schaubilder und Kurven ergibt sich eine Differenz in Zahlen, wie sie bei Statistiken vorkommen kann.*
   Welcher genannte Bereich weist unterschiedliche Zahlen auf?

FAMILIE & CO

Das Grundgesetz stellt die Familie unter seinen besonderen Schutz. Doch trotz der staatlichen Förderung der Familie gibt es zunehmend neue Lebensformen, die nicht mehr dem herkömmlichen Familienmodell ‚Vater-Mutter-Kind' entsprechen.
Diese Veränderungen haben nicht nur ____________ für den aktuellen Arbeitsmarkt, sondern
5 auch für die demographische Entwicklung Deutschlands. Der aktuelle Generationenkonflikt besteht darin, dass immer ____________ Kinder immer ____________ Seniorinnen und Senioren in der Gesellschaft mittragen müssen. So wie es der sogenannte Generationenvertrag vorgesehen hat, ist es aber mit den aktuellen Zahlen nicht mehr zu verwirklichen.
Wenn sich aber die gesellschaftlichen Voraussetzungen ändern, verändern sich auch die
10 angenommenen Umstände. Daraus ergibt sich die Notwendigkeit, auf diese zu reagieren und vor Jahrzehnten vorgesehene Maßnahmen über Bord zu werfen, damit andere greifen können.
Betrachtet man die Entwicklung der letzten ____________, kann man feststellen, dass sich das gängige Modell der Familie mit einem ____________ annähernd ____________ hat. Das heißt, dass sich lediglich ____________ der Bevölkerung für diese Lebensform
15 entscheidet. Das Alter derjenigen, die sich für eine Ehe entscheiden, hat sich auch verändert: Frauen heiraten im Durchschnitt ____________ und Männer ____________ später als noch vor ____________ Jahren.
Im Vergleich dazu hat sich die Anzahl der Scheidungen in diesem Zeitraum mehr als ____________ ____________. Besorgniserregend verringert, nämlich ____________, hat sich die Anzahl der
20 Kinder pro Frau, so dass die als Grundlage für das Verhältnis zwischen Alt und Jung angenommenen Zahlen heute einfach nicht mehr stimmen. Jede Frau müsste mindestens zwei Kinder gebären, um die Versorgung der aus dem Berufsleben Ausgeschiedenen finanzieren zu können. Zwei wesentliche Gründe für diese Entwicklung sind anzugeben: zum einen die zunehmende Berufstätigkeit der Frau, zum anderen die ____________ seit den 70-er Jahren. Der ‚Pillenknick'
25 markiert exakt den Zeitpunkt, ab dem Frauen eine viel größere Entscheidungsfreiheit bezüglich

gewollter und ungewollter Schwangerschaft haben. Nach dem Babyboom ______________ ______________ die Zahl der ehelichen Kinder stetig, bis sie im 21. Jahrhundert schließlich um ______________ reduziert ist. Gleichzeitig ______________ ab diesem Zeitpunkt die Anzahl der nichtehelichen Kinder auf ______________, betrachtet man die Kurve von 1952–2002.

Dies ist unter anderem auch darauf zurückzuführen, dass sich die Eheschließungen um ______________ % reduziert haben. Aber ein neues Phänomen überlagert das traditionelle ‚Vater-Mutter-Kind'-Modell: Es gibt über ______________ Singlehaushalte in der Gesellschaft und darüber hinaus immer mehr nichteheliche Lebensgemeinschaften. Folglich ist die Zahl der außerehelichen Geburten um ______________ erhöht (vgl. Institut der deutschen Wirtschaft Köln).

Wären die Rahmenbedingungen für Familien mit Kindern in Deutschland besser, würden sich auch die demographischen Zahlen wieder verändern. Aber es ist ein Faktum, dass es – besonders in West-Deutschland – viel zu wenige Kindertagesstätten und Kindergartenplätze gibt, so dass die Betreuung und Versorgung der Kinder, eine der Aufgaben des Staates, nicht gewährleistet ist. So passen sich eben die Lebensbedingungen an die gesellschaftlichen an.

Wann die Deutschen heiraten

Durchschnittliches Heiratsalter von Frauen und Männern in Jahren

	Männer	Frauen
1985	29,8	26,7
1990	31,1	28,2
1995	33,2	30,3
2000	35,0	31,9
2001	35,9	32,6

Die „wilden Ehen" nehmen zu

Zahl der nichtehelichen Lebensgemeinschaften in Deutschland

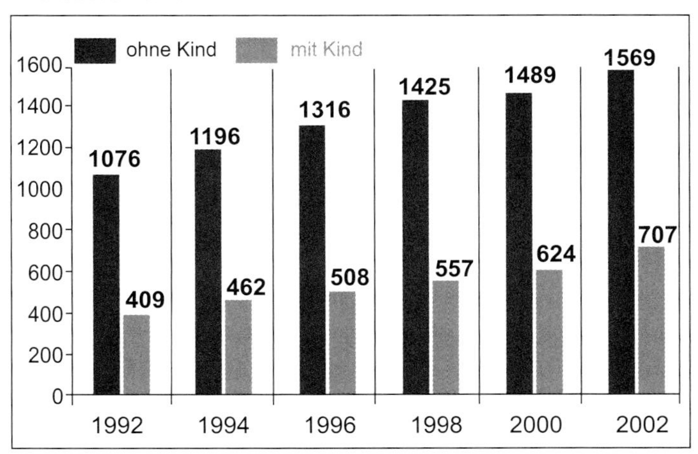

Quellen: Statistisches Bundesamt, Jahrbuch 2003

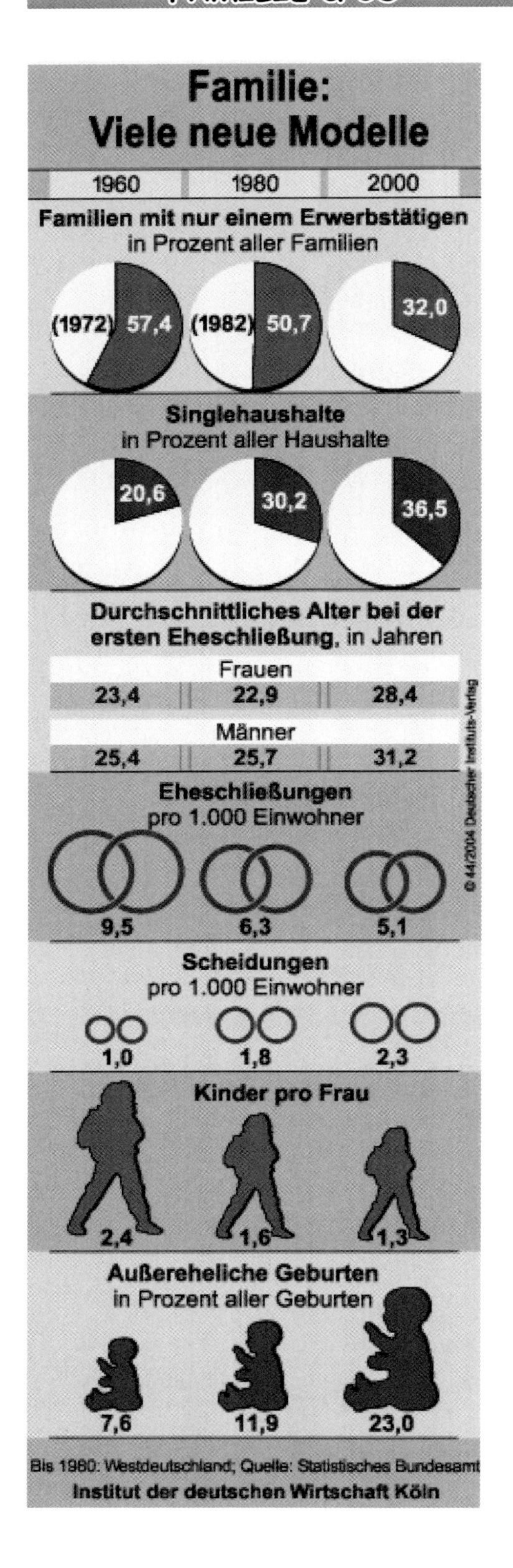

Weniger Eltern, weniger Kinder

Eheschließungen, Ehescheidungen und Geburten
in Deutschland seit 1952

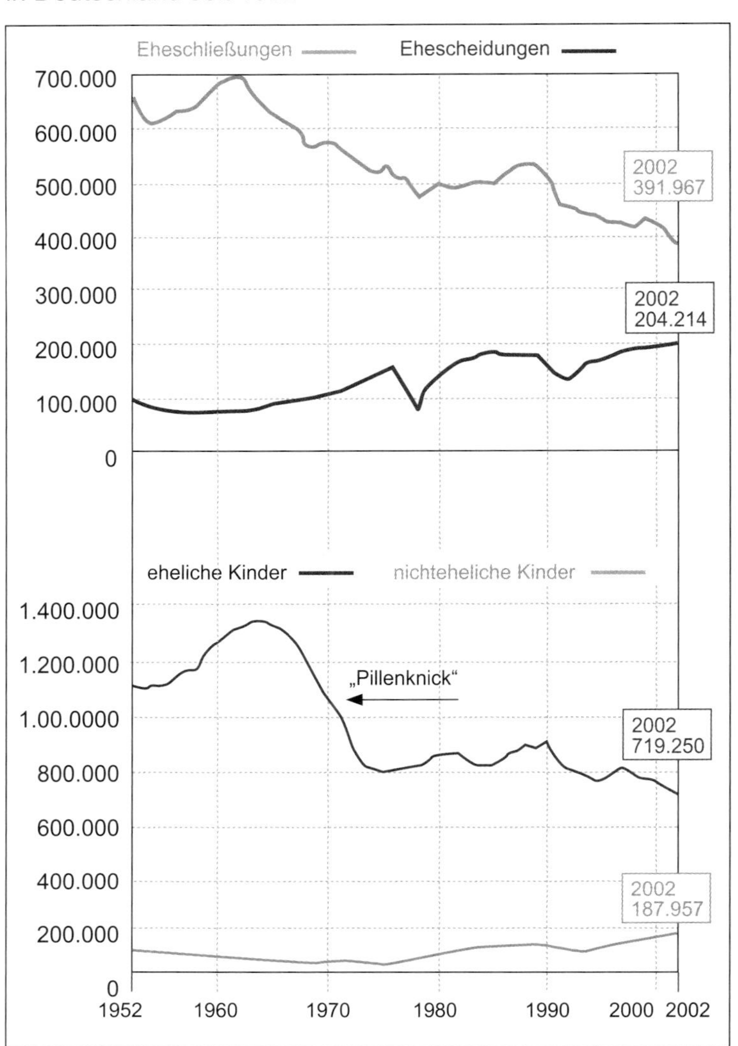

Diese Begriffe und Angaben sind von den Schülern zu ergänzen:

+ Folgen / Konsequenzen
+ weniger
+ mehr
+ dreißig Jahre
+ Erwerbstätigen
+ halbiert
+ ein Drittel
+ 5 Jahre
+ 6 Jahre
+ zwanzig / dreißig
+ verdoppelt
+ halbiert
+ Geburtenregelung / Geburtenkontrolle
+ 1964/65
+ sinkt
+ über ein Drittel
+ steigt
+ das Doppelte
+ 40–45 %
+ ein Drittel
+ das Dreifache

Im Anschluss an dieses Arbeitsblatt ist es möglich, eine Vokabelliste zur Erschließung von Diagrammen und Statistiken erstellen zu lassen, damit die Schüler künftig auch freie Texte zur Analyse derartiger Vorgaben verfassen können.
Dass Statistiken eigentlich nur Annäherungswerte sind und nicht bis ins Detail übereinstimmen, wenn sie aus unterschiedlichen Instituten stammen, muss den Schülern im Umgang mit ihnen klar gemacht werden. Bei der vorliegenden Aufgabe ergibt sich ein eklatanter Unterschied hinsichtlich der nichtehelichen Geburtenrate. Aus dem Schaubild des Instituts der deutschen Wirtschaft Köln ergibt sich eine Verdreifachung über 30 Jahre, während das Statistische Bundesamt in den letzten 50 Jahren von einer Verdoppelung ausgeht. Um diese Problematik aufzuwerfen, wurden beide Aussagen in den Text integriert (mit entsprechender Angabe). Die entsprechenden Lösungsworte sind kursiv gedruckt!
Falls einige Schüler diesen Unterschied erkannt haben, was für sie nicht einfach sein dürfte, kann man auf die Entstehung und Ausarbeitung solcher Diagramme eingehen:

Es gibt in der Regel ein vorgegebenes Raster, um besser schematisieren zu können:

* Auswahl bestimmter Menschen nach Geschlecht, Alter, Beruf, sozialer Situation, etc.
* Festlegung eines bestimmten Zeitraums und eines präzisen Raumes
* Eingrenzung des Themas
* Vorgabe der Fragen
* Vorgabe der Antworten
* Abfrage durch Straßeninterview, Hausbesuch, Telephon, per Postzusendung, etc.
* Anzahl der zu Befragenden

etc.

1. *Lies den Text und wähle aus den jeweils vorgegebenen Antworten die richtige(n) aus.*
2. *Überprüfe deine Antworten, indem du den Text ein zweites Mal liest.*
3. *Schreibe anhand dieses Multiple-Choice-Bogens eine kurze Zusammenfassung des Textes mit den wichtigsten Aussagen ODER gestalte ein Warnblatt für die Bürger, damit sie über die Problematik informiert sind.*
4. *Diskutiert in eurer Klassengemeinschaft das Für und Wider von Datensammlung und -vernetzung bzw. Datenschutz.*

Big Brother ist überall

Wie unsere Gesellschaft den gläsernen Menschen erschafft

Unsere Gesellschaft, die gerne Informationsgesellschaft genannt wird, pflegt vor allem eines: Informationen. Das Ziel vieler Institutionen und Firmen ist es, möglichst viele Informationen über ihre Kunden zu erhalten. Sie können sich aus diesen Informationen ein Bild ihres Kunden zusammensetzen: über dessen
5 Alter und Geschlecht, den Beruf, Hobbys, Interessen, welche Waren er bevorzugt, in welcher Preiskategorie er einkauft, etc.

Schon bei mancher Werbesendung hat man sich gefragt, woher die Firma, die die Werbeinformationen versendet, weiß, dass man sich für diesen Themenbereich oder das jeweilige Angebot interessieren könnte. Woher kennt der Absender die Präferenzen, Hobbys, beruflichen Interessen des Empfängers?
10 Wie kommen die Firmen an diese Informationen heran, wie entstehen solche Kundenprofile?

Ganz einfach, über die Kunden selbst, wenn diese eine Kundenkarte verwenden, Rabattmärkchen sammeln, ihr Handy regelmäßig benutzen, an Preisausschreiben teilnehmen oder Befragungen durch Marktforschungsinstitute zulassen.
Annähernd vier Millionen Verbraucher haben einen Fragebogen von Schober ausgefüllt, die über 10
15 Milliarden Zusatzinformationen zu diesem Personenkreis verwalten und diese eben auch bereithalten, wenn Daten angefordert werden.
Auch das bargeldlose Bezahlen mit einer Kreditkarte hinterlässt Spuren. Problemlos kann man hier das Kaufverhalten des Kreditkartenbesitzers nachvollziehen und entsprechend nutzen. Wenn ein Kunde über Jahre mit einer Kreditkarte bezahlt, werden umfassende Spuren gelegt: Aufenthaltsorte, Reiseziele, Hotels,
20 Fortbewegungsmittel, Einkaufszentren und damit verbunden Lebensmittel, Alkoholkonsum, Luxusartikel wie Schmuck oder teure Autos geben Aufschluss über einen Lebensstil, den es zu berücksichtigen gilt, will man Verbraucher ansprechen, überzeugen und gewinnen.
Viele weitere Spuren werden gelegt, indem weit über 50% der Bürger im Internet surfen und so durch die Suche nach Informationen selbst Informationen geben, ohne sich dessen eigentlich bewusst zu sein. Wie
25 Hänsel und Gretel im Wald ihren Weg mit Brotkrumen markiert haben, um den Rückweg zu finden, so hinterlässt jeder Surfer Spuren auf dem Weg, den er sich durch die Daten und Internetseiten bahnt.
Abschlüsse mit Versicherungsanstalten, Mitgliedschaften in Vereinen oder Parteien, Verträge jeglicher Art ermöglichen das Zusammentragen von Informationen.

Aber es existieren auch Firmen, die eingeholte Informationen bündeln und kategorisieren, um sie
30 weiterzugeben. Es gibt inzwischen zahlreiche Datenbanken und Informationssysteme, die regelrechte Raster zu Kunden angelegt haben, Informationen bereithalten, auf Anfrage aufbereiten und weiterreichen.
‚Auskunfteien' sammeln Informationen über die wirtschaftliche Betätigung, Kreditwürdigkeit, Zahlungsfähigkeit und die Vermögensverhältnisse von Unternehmen und Privatpersonen. Gerade bei Problemfällen werden Informationen aus allgemein zugänglichen Quellen wie (Melde)registern und
35 Schuldnerverzeichnissen zusammengetragen. Neben Selbstauskünften werden aber auch Auskünfte von

Geschädigten, Betroffenen oder Nachbarn verwertet. Hauptabnehmer gegen Entgeld sind hier Kaufhäuser, Hypothekenbanken, Versicherungen oder Firmen, die sich über andere Firmen informieren möchten.
Digitale Datenbanken erheben und systematisieren heißt *customer relationship management* und wird so durchaus positiv bezeichnet. Was als kundenfreundliche Aktion und individuelle Betreuung ausgelegt
40 wird, ist nichts anderes als freie Marktwirtschaft und knallharter Kapitalismus. So hat jeder Kunde ein Profil, das den Firmen ermöglicht, ihren Gewinn durch Kundenorientierung zu maximieren.
Das System zum Beispiel, das hinter der Abkürzung RFID steht, ist für die Datensammlung nahezu unverzichtbar. Es handelt sich um kleine Mikrochips, die an bisher nur ausgewählten Produkten festgemacht wurden, so dass diese identifizierbar sind. Der flächendeckende Einsatz dieser Chips würde
45 ermöglichen, durch die Ortung der Produkte genaue Informationen über das Konsumverhalten der Kunden zu erhalten. Kauft jemand regelmäßig alkoholische Getränke in einem Supermarkt, weiß es nicht mehr allein die Kassiererin und der Kunde, der hinter dem Käufer steht, sondern auch der Konzern.
Die Firma infas GEOdaten bietet Informationen über 19 Millionen Gebäude in Deutschland. Hier erhält man Aufschluss über die familiäre Situation, die Wohnlage, die Bauweise und den Zustand des
50 Anwesens.
Die Raster bieten aber nicht nur einen individuellen Zuschnitt für bestimmte Produktpaletten, sondern sie dienen auch dazu, Risikofaktoren zu minimieren. Aber diese automatische Risikoüberprüfung, genannt ‚Scoring', ist nicht unfehlbar: Je mehr Daten im Umlauf sind, desto höher ist die Zahl derer, die unverschuldet in eine Warndatei aufgenommen werden und entsprechende Negativ-Entscheidungen
55 von Versicherungen, Banken oder Konzernen nicht einmal nachvollziehen können. Vor einigen Monaten musste die Schufa einige Einträge löschen, da diese durch falsche Informationen entstanden sind. Wer als aufrichtiger Kunde in einer derartigen Datei oder auch einer sogenannten „Schnorrerliste", wo Kunden verzeichnet sind, die häufig Waren reklamieren oder per Postsendung bestellte Ware zurücksenden, landet, gehört eben zu dem geringen Prozentsatz, der zu unrecht auf der Liste steht.
60 Bei einem falschen Verdacht wird die betroffene Person in der Regel gar nichts davon erfahren, weil sie nichts von diesen Informationsquellen weiß, obwohl solche Dateien im Internet auch für Privatpersonen abrufbar sind.

Verknüpft man mehrere Informationen miteinander, indem verschiedene Quellen ausgeschöpft werden, wird der Mensch immer durchsichtiger und gläserner.
65 Es ist zwar per Gesetz verboten Kundenprofile weiterzureichen, aber es ist nicht untersagt, Anschriften auszutauschen. Um das Gesetz zu umgehen, werden in der Regel unabhängige Dritte als Vermittler eingeschaltet, so dass einer die Daten vermittelt und ein anderer sie auswertet und aufbereitet.
Georg Orwells „Big Brother" ist also längst Realität geworden.
Das Schlimmste daran ist nicht, dass wir uns kaum dagegen wehren können, sondern dass wir selbst
70 viele der Informationen weitergeben, ohne uns dessen bewusst zu sein. Es ist ein erster Schritt, dieses Bewusstsein zu entwickeln und alle Angebote, die das Leben erleichtern sollen, gründlich zu prüfen. Und manchmal muss man dann eben sagen: „Nein danke!"

1. Wie wird der angeblich existierende Datenschutz durchbrochen?

A Datenschutz wird hauptsächlich ausgesetzt durch neue technische Errungenschaften.
B Datenschutz wird durch technische Errungenschaften ermöglicht.
C Die Menschen geben die Angaben über sich immer freiwillig an.

2. Die „Schnorrerliste" gibt Hinweise ...

A ... auf Nachbarn, die geliehene Objekte nicht mehr zurückgeben.
B ... auf Kunden, die vielfach Pröbchen und Werbegeschenke anfordern.
C ... auf Kunden, die durch häufige Reklamationen auffallen.

3. Was bedeutet *customer relationship management?*

A Das Erheben und Systematisieren von Kundendaten.
B Das psychologisch geschulte Verkaufsgespräch mit einem Kunden.
C Ein neues Verkaufssystem, das ähnlich funktioniert wie Leasing.

4. Wodurch beschaffen sich Firmen und Institutionen die Fakten, die für Datenbankvernetzungen genutzt werden?

A Durch den Einsatz von Internet, Handy, Kreditkarten, Mitgliedschaften, Kundenkarten.
B Durch die häufige Befragung freiwillig sich meldender Mitbürger und Mitbürgerinnen.
C Durch die Wahl von Radio- und Fernsehsendungen sowie der ausgewählten Geschäfte.

5. Was ist RFID?

A Ein Mikrochip, auf dem Kundendaten vom Firmenleiter gesammelt werden.
B Ein winziger Chip, der den Menschen eingesetzt wird.
C Ein Chip, der dazu nutzt, gekaufte Produkte zu orten und deren Gebrauch zu evaluieren.

6. Geodaten dienen dazu, ...

A ... geologische Besonderheiten einzelner Landstriche zu beschreiben, um daraus Werbematerial für Reiseunternehmen zu erstellen.
B ... Informationen über Menschen in bestimmten Landstrichen, Städten, Wohnvierteln zu sammeln, ähnlich einer Rasterfahndung bei Kriminellen.
C ... die von der Zeitschrift ‚Geo' veröffentlichten Daten ins Netz zu stellen und allen zugänglich zu machen.

7. Das Gesetz ...

A ... erlaubt, Verbraucherprofile weiterzugeben.
B ... erlaubt, Anschriften auszutauschen.
C ... sieht Vermittler vor, die Adressenbesitzer und potentielle Kunden anonym zusammenbringen.

8. „Scoring" ...

A ... heißt, dass die Firmen den Verbraucher in einem Verfahren um Erlaubnis bitten, dessen Informationen weiter zu verwenden.
B ... meint die Grenze, die beim Datenaustausch nicht überschritten werden darf (‚score' = Markierungslinie)
C ... ist ein Verfahren, mit dem potentielle Kunden auf ihr Risiko hin überprüft werden.

9. Auskunfteien vermitteln Datenbanken, ...

A ... die potenzielle kriminelle Geschäftspartner aus den Wirtschaftsprozessen ausschließen möchten.
B ... die unentgeldlich Auskünfte an Firmen und Privatpersonen geben.
C ... die durch die Vermittlung von Informationen Geld verdienen.

Lehrer-Lösung:

1. A
2. C
3. A
4. A
5. C
6. B
7. B
8. C
9. C

Etwas gestalten:

Mögliches Flugblatt

Big Brother ist überall – nicht nur im Fernsehen !

Zahlen Sie bar,
telefonieren Sie aus dem Festnetz,
surfen Sie weniger,
fordern Sie keine Werbeprospekte an,
verzichten Sie auf Rabattmärkchen,
hinterlassen Sie einfach weniger Spuren.

Treffen Sie sich statt dessen mit Freunden,
gehen Sie schön essen,
trinken Sie ein Glas Wein,
entspannen Sie
bei einem guten Gespräch.

***Das** – bleibt unter uns!!!*

Mögliche Diskussion/Erörterung:

PRO

technischer Fortschritt
Erleichterung des Alltags
Erleichterung von Recherche (Informationen)
Lebensrettung (Transplantation)
Zusammenführung von Menschen
Ausfindigmachen von Interessengemeinschaften
Verbesserung der Angebote (durch Forschung)
statistisches Fundament für Veränderungen / Maßnahmen
etc.

CONTRA

Detailinformationen über Lebensformen
Unkenntnis darüber, Informant zu sein
Diskriminierung, grundlos bei Fehlerquellen
unzulässige Vernetzungen
Erstellen unkontrollierbarer (falscher) Zusammenhänge
kapitalistische Ausbeutung der Informationen
Profitgier
etc.

Lies den Text „Kinder vereinsamen vor dem Computer" aus den Fränkischen Nachrichten vom 28. 6. 2004.

Kinder vereinsamen vor dem Computer

Studie: Jeder zehnte Teenager nutzt den PC exzessiv – mit negativen Folgen für die Psyche

Berlin. Jeder zehnte Teenager nutzt seinen Computer exzessiv – auch zur Trauer- und Stressbewältigung. In einer neuen Studie haben Suchtforscher des Berliner Universitätsklinikums Charité herausgefunden, dass bereits 81,7 Prozent der Jungen zwischen elf und 14 Jahren einen eigenen Gameboy und 79,4 einen Computer besitzen. Bei den Mädchen sind die Zahlen ähnlich: Von ihnen haben 80,6 Prozent einen 5 eigenen PC. „Jedes zehnte Kind gilt dabei als exzessiver Computernutzer", sagte Studienleiterin Sabine Grüsser-Sinopoli.

Während nur jedes 20. Mädchen übermäßig viel Zeit am Bildschirm verbringe, zeige jeder achte Junge die typischen Verhaltensweisen: „Die Geräte üben bei solchen Kindern zweckentfremdete Funktionen aus", betonte die Expertin. Die Kinder unterdrückten ihre Gefühle gegenüber den Mitmenschen, etwa 10 wenn sie unglücklich seien. „Sie nutzen stattdessen den PC und das Fernsehen zur Stressverarbeitung."

Auffällig seien bei den betroffenen Kindern auch Probleme in der Schule: „Diese Kinder können sich im Unterricht schlechter konzentrieren, sie haben Kommunikationsschwächen und keine alternativen Strategien entwickelt, um negative Gefühle zu bewältigen", sagte die Psychologin.
Auch andere Medien stehen bei den Jungen und Mädchen hoch im Kurs: Mehr als 40 Prozent haben der 15 Studie zufolge einen Fernseher und eine Spielkonsole in ihrem Zimmer, mehr als 60 Prozent verfügen über ein Mobiltelefon. Und über die Hälfte der Kinder hat alle diese Medien im eigenen Zimmer, wo die Eltern die Nutzung kaum mehr kontrollieren können. Andere Beschäftigungen wie Sport, Musik, Spiele und sonstige Treffen mit Freunden oder das Lesen rücken da in den Hintergrund.
„Ich finde unsere Ergebnisse erschreckend", sagte Grüsser-Sinopoli. Diese Kinder erlernten keine 20 Alternativen, um mit belastenden Lebenssituationen fertig zu werden.
Sogar Mädchen, denen normalerweise eine höhere Kommunikationskompetenz bescheinigt wird, verlieren diese dem Bericht zufolge beim übermäßigen Internet-Surfen und Fernsehschauen. Auffällig sei auch, dass die gefährdeten Kinder mehr Kaffee konsumierten und weniger schliefen.
Die Studie am Universitätsinstitut für Medizinische Psychologie soll unter der Schirmherrschaft der 25 Berliner Senatsverwaltungen für Jugend und für Gesundheit unter anderem mit älteren Schülern fortgesetzt werden.

AP
Fränkische Nachrichten (Main-Post), 28. 6. 04

Trage hier die gefundenen Informationen ein. Absolute Zahlen sollten gleich an die Prozentzahlen angeglichen werden.

- ☐ Angaben in absoluten Zahlen?

- ☐ Angaben in Prozenten?

KINDER VEREINSAMEN VOR DEM COMPUTER

Kreuze immer den Satz an, der nach den Informationen aus dem Artikel richtig ist.

- ❑ Es besitzen mehr Mädchen Computer.
- ❑ Es besitzen mehr Jungen Computer.
- ❑ Fast doppelt so viele Mädchen nutzen ihren PC exzessiv.
- ❑ Fast doppelt so viele Jungen nutzen ihren PC exzessiv.
- ❑ Kinder und Jugendliche wollen durch den PC unterhalten und abgelenkt werden.
- ❑ Kinder und Jugendliche wollen durch den PC Stress und negative Gefühle verarbeiten.
- ❑ Jugendliche können durch die Nutzung des PC ihre Konzentrationsfähigkeit steigern.
- ❑ Jugendliche haben durch die Nutzung des PC erhebliche Konzentrationsprobleme.
- ❑ Eine Lösung ist das gemeinsame Computerspiel in der Familie.
- ❑ Eine Lösung ist das Spielen, Sprechen, Erzählen oder Lesen in der Familie.

Vervollständige die Sätze:

- ❑ Statt telefonieren ______________________________ treffen.
- ❑ Statt Fernsehen und Computerspielen mit den Eltern und Geschwistern ____________ .
- ❑ Statt sich zudröhnen zu lassen, lieber ____________ oder für die Schule ____________ .
- ❑ Statt Probleme ‚in sich hineinzufressen', mit Eltern oder Freunden ____________ .
- ❑ Statt sich in sein Zimmer zurückzuziehen, ______________________ .

*Zeichne ein **Säulen-** oder ein **Kreisdiagramm** zu ausgewählten statistischen Angaben aus dem Artikel (z. B. PC). Achte darauf, dass du alle Zahlen einheitlich (in Zahlen oder Prozenten) angibst. Experten dürfen auch mit dem Programm Excel arbeiten.*

„Kinder vereinsamen vor dem Computer"

Informationen:

jeder 10. Jugendliche = 10%: exzessive Nutzung
über 40% haben einen eigenen Fernseher im Zimmer
über 60% haben ein eigenes Mobiltelefon

Jungen 11–14 Jahre:	Mädchen 11–14 Jahre:
81,7% Gameboy	80,6% Computer
79,4% Computer	davon jedes 20. Mädchen exzessiv (5%)
davon jeder 8. Junge exzessiv (knapp 10%)	

Richtige Informationen aus dem Artikel:

- ❑ Es besitzen mehr Mädchen Computer.
- ❑ Fast doppelt so viele Jungen nutzen ihren PC exzessiv.
- ❑ Kinder und Jugendliche verarbeiten durch den PC Stress und negative Gefühle.
- ❑ Jugendliche haben durch die Nutzung des PC erhebliche Konzentrationsprobleme.
- ❑ Eine Lösung ist das Spielen, Sprechen, Erzählen oder Lesen in der Familie.

Vervollständige die Sätze:

- ❑ Statt telefonieren Verwandte und Freunde treffen.
- ❑ Statt Fernsehen und Computerspielen mit den Eltern und Geschwistern kommunizieren / sprechen / sich unterhalten.
- ❑ Statt sich ‚zudröhnen' zu lassen, lieber spielen / lesen oder für die Schule lernen.
- ❑ Statt Probleme ‚in sich hineinzufressen', mit Eltern oder Freunden darüber sprechen / diskutieren.
- ❑ Statt sich in sein Zimmer zurückzuziehen, in die Natur gehen / unter Menschen gehen / Leute treffen /...

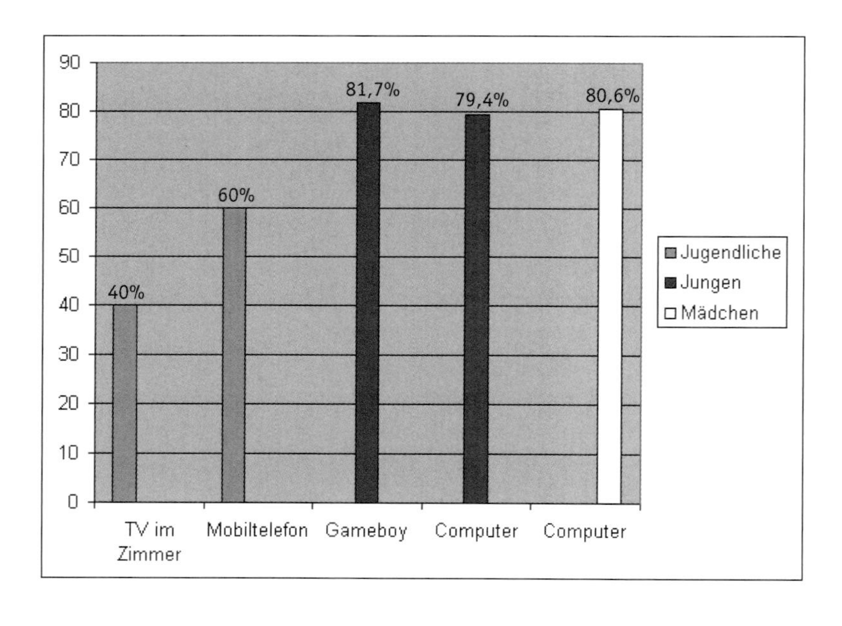

1. ***Was*** *siehst du? (Vorgehen wie bei Bildbeschreibung, Beachten der Details)*
2. ***Welches Thema*** *wird aufgegriffen?*
3. *Welches ist die* ***Absicht*** *bzw. die Kritik des Karikaturisten? Diese muss belegt werden.*
4. *Wie* ***wirkt*** *die Karikatur auf dich (bzw. auf einzelne vorstellbare Zielgruppen)?*
5. ***Vergleicht*** *die unterschiedlichen Karikaturen und* ***bewertet*** *die Berechtigung ihrer Gesellschaftskritik.*

WIE ist die Zeichnung gestaltet?

Formale Analyse:
Technik / Material / Farbgebung
Form- und Raumgestaltung
Komposition / Blickführung

WARUM ist die Karikatur so gestaltet?
WELCHEN Zusammenhang gibt es zwischen Inhalt, Thema und Form?

Interpretation / Aussage
Wirkung / Deutung
Verhältnis von Form und Inhalt

Gegenstände / Personen
Darstellung

WAS sieht der Betrachter?

In mehreren Gruppen können die Schüler die verschiedenen Karikaturen zu einem Thema erschließen. Dann sollten sie in der Lage sein, eine gemeinsame Fragestellung zu erarbeiten und zu diskutieren, wie es durch die übergeordnete Frage in einem Gruppenpuzzle geschieht.
Kontroverse Karikaturen zu einem Thema erleichtern den Schülern, weitere Pro- und Contra-Argumente zu finden. Die hier angebotenen Karikaturen zum Thema *Arbeitswelt* und *Berufsleben* sowie *Fernsehkonsum* und *Leistungssport* zeigen die Problematik aktueller Gesellschaftsthemen auch aus Sicht der Schüler und können so zur Reflexion anregen.

WIE ist die Zeichnung gestaltet?

Formale Analyse:
Technik / Material / Farbgebung
Form- und Raumgestaltung
Komposition / Blickführung

Es handelt sich bei dieser Karikatur um eine Schwarz-Weiß-Zeichnung. Die Zeichnerin arbeitet mit Kontrasten: Da schattenhaft eine Schneelandschaft dargestellt wird, hebt sich der Skispringer kontrastreich daraus hervor.

Die Berge im Hintergrund sind nur angedeutet, während der Skispringer zentriert im Bildvordergrund schwebt. Nahezu schwarz eingefärbt sind die Kameras, die den Springer umgeben. Die Perspektive und Blickführung ist gesteuert von der Skischanze, die den Springer in den Vordergrund katapultiert. Unterschiedliche Schrifttypen auf den Skiern zeigen Produktnamen.

WARUM ist die Karikatur so gestaltet?
WELCHEN Zusammenhang gibt es zwischen Inhalt, Thema und Form?

Interpretation / Aussage
Wirkung / Deutung
Verhältnis von Form und Inhalt

Gegenstände / Personen
Darstellung

WAS sieht der Betrachter?

Berge und Bäume

eine Skischanze

einen Skispringer

sein Trikot, seine Ski sind mit Werbung gespikt

umgeben von Fernsehkameras

Es ist davon auszugehen, dass die Zeichnerin das Thema der Sportlervermarktung nicht nur aufgreift, sondern auch kritisiert. Anstelle sportlicher Leistungen eines begabten Sportlers steht die Werbung / Sponsoring im Fordergrund. Nicht nur auf Mütze, Brille, Skianzug finden wir Produktnamen und -symbol, z. B. den Mercedesstern auf den Brillengläsern und auch auf der unteren Seite der Skier. Diese Namen sind überhaupt nur zu sehen, wenn der Springer in der Luft schwebt, aber die Kameras fangen alle Aufschriften ein. Im Ober- und Unterbauchbereich wirbt man sogar noch mit Werbefläche. Hier stellt sich nun die Frage: Geht es überhaupt noch um den Sport oder die Leistung des Sportlers, oder geht es um Werbung, Slogan und Produktnamen, die das Gefühl vermitteln, dass es ohne die Firmen keinen Sport gäbe, da sie durch die möglich gewordenen finanziellen Mittel das ermöglichen, was Sportler alleine nicht garantieren könnten: Ein Happening, ein Medienereignis, umrahmt von netten Festen und hohen Preisgeldern. Ist das der Sinn eines sportlichen Wettkampfs?

KARIKATUREN – MEDIEN
DER FERNSEHAPPARAT

1. *Suche dir eine der Karikaturen aus, beschreibe was thematisiert wird und stelle die Aussageabsicht des Karikaturisten dar.*
2. *Wie wirkt die Karikatur auf dich bzw. andere Zielgruppen?*
3. *Stellt euch gegenseitig eure Arbeitsergebnisse vor und diskutiert die Berechtigung der Aussage bzw. Kritik.*
4. *Verfasst als Hausaufgabe eine schriftliche Interpretation der Karikatur.*

EIN LEBENSLAUF
©BEIER
ICH GLOTZ TV
©BEIER
ZU RISIKEN UND NEBENWIRKUNGEN BEFRAGEN SIE SICH SELBST!
©BEIER
ENDE

Ein ganz gewöhnlicher Schulalltag

Was sehe ich?	Absicht / Kritik?
• eine Lehrerin kommt von links nach rechts mit einem Kollegen / dem Direktor vor eine Klasse • vier Schüler sind auf der rechten Bildhälfte zu sehen, die anstatt eines Kopfes einen Fernsehapparat mit Antennen tragen • ein Schüler trägt keinen ‚TV-Kopf', sondern sieht aus wie ein Junge mit Brille • die Lehrerin sagt mit erhobenem Zeigefinger zu ihrem Kollegen: „Wetten, das ... werden heut wieder Gute Zeiten – Schlechte Zeiten	Da das Zitat rechts oben und in großen Buchstaben über den Lehrern steht, ist davon auszugehen, dass die Karikatur vom Betrachter durch die gesprochenen Worte erschlossen wird. Zuerst bemerkt man die Andeutung auf „Wetten dass ...", eine Unterhaltungsshow mit Thomas Gottschalk, der in seiner Fernsehshow in mancherlei Hinsicht ähnlich auftritt wie ein Lehrer vor seiner Klasse. Die Realität in den Köpfen der Schüler entspricht der Realität, die in den Serien und Daily-Soaps vermittelt wird. Die Schüler leben mit den Figuren aus den Serien, die sie tagtäglich sehen, deren Problemen, Sorgen, Ängsten. Sie bilden nahezu eine Familie. Die in den Serien gestellten Ansprüche an das Leben macht auch der junge Zuschauer für seinen Alltag geltend. Das Bemühen der Pädagogen, die Schüler zu erreichen, stellt sich als Problem heraus: Die zu überwindende Distanz ist zu groß, die Barriere (in den Köpfen) um die Köpfe der Schüler zu unüberwindbar. Sie sind nicht in der Lage, ihre Köpfe anderen zu öffnen und andere Dinge aufzunehmen. Durch den grauen Bildschirm wirken sie eingenebelt und abgestumpft. Für die Lehrerin ist das ein unbefriedigendes Ergebnis. Sie richtet sich auf gute wie auch schlechte Zeiten ein; es ist an den Tatsachen nichts zu ändern, der Schulalltag bleibt so, wie er bisher war, und die Schüler bilden Woche für Woche die gleiche unerreichbare Fernsehkopfgeneration. Es manifestiert sich an der Haltung der Pädagogin eine gewisse Hoffnungslosigkeit, die man mit keinerlei Mitteln zu durchbrechen vermag.

„Was ist nur mit dem Jungen los?"

Was sehe ich?	Absicht / Kritik?
• in der linken Bildhälfte türmen sich zwei Fernsehapparate auf einem Videogerät • auf den Bildschirmen sind zu sehen: eine Quizshow und ein Krimi, symbolisiert durch eine Pistole und den lautmalerischen Begriff ‚Peng' • rechts daneben befinden sich Videokassetten und eine Lampe (gemütliches Wohnzimmer) • vor dem Fernsehapparat und mit dem Rücken zum Betrachter sitzen ein Mann und eine Frau in Hausschuhen auf einem Sofa • der Mann hält zwei Fernbedienungen • hinter dem Sofa, aber vor dem Betrachter der Karikatur, sitzt ein Junge, der völlig in ein Buch vertieft ist • ein weiteres Buch liegt links neben ihm • die Frau sagt zu ihrem Mann: „Was ist nur mit dem Jungen los? Er liest Bücher!"	Die Karikatur spricht in aller Deutlichkeit die Fernsehabhängigkeit vieler Menschen an. Hier sind es die Eltern eines Kindes, denen ein Fernsehapparat nicht reicht und die daher gleich einen zweiten dazugestellt haben, so dass sie eine Quizshow und einen Krimi (‚Peng') gleichzeitig verfolgen können. Da der Mann mit zwei Fernbedienungen die Mediengewalt beansprucht, ist er es auch, der das Programm bestimmt. In der Karikatur hat er beide Fernbedienungen aktiv in den Händen und scheint zu zappen. So sind selbst zwei Programme, die parallel laufen, zu wenig für die beiden TV-Süchtigen. Eine Bilderflut ist nötig, um den Abend zu gestalten. Entgegen diesem Verhalten seiner Eltern sitzt der Junge, nämlich ihr Sohn, still und konzentriert hinter der Couch. Er ist regelrecht in ein Buch vertieft. Für die Eltern ist das ein anormales Verhalten; sie halten Fernsehkonsum für alltäglich und normal, das Lesen eines Buches allerdings für etwas Ungewöhnliches, allerdings im negativen Sinn. Das Erstaunen und die Sorge, die sich in den Worten der Mutter widerspiegeln, zeigen, dass es in dieser Familie keine Büchertradition gibt. Sie betrachtet sein Verhalten, als hätte er eine ansteckende Krankheit, als wüsste sie nicht, was in ihn gefahren sei. Die Eltern waren ihrem Sohn keinesfalls Vorbild. Der in dieser Karikatur vereinte Widerspruch im Freizeitverhalten einer Familie zeigt die Eltern in negativem Licht, während der Sohn, der sich auch physisch von seinen Eltern abwendet, indem er hinter der Couch kauert, ein seltenes, wenn auch vorbildliches Verhalten an den Tag legt: Er ist aktiv und liest, lässt sich nicht von Sendungen benebeln, sondern nutzt seinen Verstand, seine Phantasie, um etwas zu ‚erleben', zu ‚erfahren'.

Ein Lebenslauf

<table>
<tr><th>Was sehe ich?</th><th>Absicht / Kritik?</th></tr>
<tr><td>• ein Baby im Kinderwagen
• auf dem Kinderwagen ein tragbarer Fernsehapparat
• das Kind lächelt und sieht glücklich aus
• es schaut geradezu fasziniert auf den Bildschirm</td><td>Ein Baby ist nicht in der Lage, sich selbst einen Fernsehapparat zu beschaffen und auf den Kinderwagen zu stellen. Die Schlussfolgerung, die man daraus ziehen kann, ist folgende: Das Baby wird dazu erzogen, Fernsehen wahrzunehmen und zu konsumieren. Gleichzeitig wird es ruhig gestellt, da es weder schreit noch jammert.</td></tr>
<tr><td>• Werbeslogan „Ich glotz TV“ steht für eine Weltanschauung, ein Lebensprinzip
• der Fernsehapparat wird zum Schulranzen
• Mickey Maus begleitet den Jugendlichen durch's Leben
• der Junge sieht glücklich und ausgeglichen aus
• TV ist als Gepäck immer dabei</td><td>Auch in der Zeit als Teenager wird das Fernsehen nicht ausgeschaltet. Es gehört dazu, ist geradezu ein Bekenntnis wert, das positiv wirkt. Es scheint so, als vermittle das TV immer ein positives Lebensgefühl, Spaß, Freude, gute Laune. Mickey Maus unterhält und hält den realen Alltag fern. Der Jugendliche ist gelassen, weiß, was er will, und beruft sich darauf.</td></tr>
<tr><td>• ein Skelett sitzt vor einem Fernsehapparat
• auf dem Bildschirm steht zu lesen: „Zu Risiken und Nebenwirkungen befragen sie sich selbst!“
• das Skelett liegt passiv gegen eine Wand gelehnt
• außer einem Fernsehapparat sieht man keine Einrichtungsgegenstände (Fokussierung)</td><td>Die dritte Abbildung spricht die Selbstverantwortung des Einzelnen an.
Hier wird nun ganz klar, dass der Mensch sich zu einem bestimmten Zeitpunkt selbst für oder gegen etwas entscheiden kann. Hat er sich für das Fernsehen entschieden, ist es auch dafür verantwortlich, dass er sich nicht dem Einfluss des Mediums entzogen hat, so dass er vor dem Apparat einsam und allein zugrunde geht.</td></tr>
<tr><td colspan="2">Von diesem Gedanken ausgehend kann man viele Assoziationen knüpfen, sei es über die ‚Verdummung‘ durch Medien, das passive Konsumieren, die damit verbundene Unbeweglichkeit, das lebenslange „Regiert-werden“ und nicht zuletzt die Verantwortung derer (Eltern, Freunde, gesellschaftliches Umfeld), die für diesen Zustand verantwortlich gemacht werden müssen, indem sie das Medium Fernsehen nutzen, um sich selbst zu entlasten bzw. den gesellschaftlichen Trends nicht widersetzen zu müssen. Der Karikaturist spricht mit seiner Thematisierung des Mediums Fernsehen ein an bestimmte Lebensphasen geknüpftes Konsumverhalten an, das dem Menschen in seiner Entwicklung kaum eine Möglichkeit offen lässt, sich dem Medium, mit dem es tagtäglich konfrontiert wird, zu entziehen. Letztlich handelt es sich um eine Kritik an Gesellschaft und Erziehungsberechtigten, vielleicht sogar an Pädagogen, die ihrerseits auch nicht den adäquaten Umgang mit dem Medium vermitteln. Gleichzeitig lässt er aber nicht außer Acht, dass der Mensch letztlich Entscheidungsfreiheit hat und sich selbst dem Medieneinfluss entziehen kann, wenn er es wirklich will.</td></tr>
</table>

Mögliche Themen der Erörterung:

pro Medium TV	contra Medium TV	pro Buch / Lesen
• eignet sich als Babysitter • sorgt für Ruhe • dient als Informationsquelle • unterhält und entspannt • lenkt vom Alltag ab • lässt keine Langeweile aufkommen • ist sehr aktuell • ist meinungsbildend	• behindert das eigene Denken • führt zu passivem Verhalten • schränkt gesellschaftliches Leben ein (Kommunikation, Freunde, Unternehmungen) • reibt auf und macht nervös • ermöglicht Manipulation • ‚Zeitfresser‘	• fördert das eigene Denken • fordert die Phantasie und Kreativität • vermittelt Wissen, Erkenntnisse • fördert die Konzentration auf eine Sache • Ruhe, Entspannung • lenkt vom Alltag ab • Erweiterung der Sprachkompetenz / Ausdrucksfähigkeit • Verbesserung der Orthographie

*Lies den Text und setze die Wörter unten in die passenden Lücken, so dass der Text einen Sinn ergibt.
Hier hast du nun eine kurze Beschreibung zum Umgang und Nutzen von Diagrammen.*

Organigramme, Diagramme, Schaubilder

Das Auswerten und Deuten von Grafiken und Organigrammen in jeder Form ist in vielen Unterrichtsfächern wie zum Beispiel Erdkunde, Gesellschaftskunde oder Deutsch gefordert.
In ______________ Form werden hier ______________ dargestellt, die in beschreibenden Texten nicht immer klar und logisch dargestellt werden können.
Besonders ______________ Fakten und ______________ sind in Sätzen häufig nur schwer nachvollziehbar, weil sie unübersichtlich bleiben.
Du solltest also in der Lage sein, in Schaubildern dargelegte Zahlen, Verhältnisse, Beziehungen und Zustände in ihrer ______________ zu begreifen und auszulegen.
Die ______________ müssen angemessen formuliert werden.
Wichtig sind ______________ wie THEMA, ZEITRAUM, GEGEND, HERKUNFT DER ZAHLEN, BESONDERE WERTE zu berücksichtigen und zu beschreiben.

Es bleibt anzumerken, dass statistische Erhebungen natürlich immer mit gebotener ______________ zu betrachten sind. So musst du einerseits auf die Quelle und Gültigkeit (z. B. Anzahl der Angaben) einer Erhebung achten, andererseits aber auch auf mögliche Verzerrungen von Informationen.

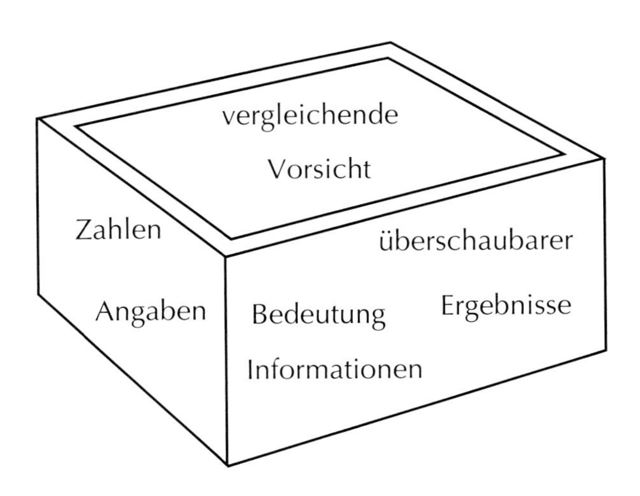

Kreuze die richte(n) Antwort(en) an.

A Knapp die Hälfte der Schüler hat die Note Drei erhalten.
B Ca. jeder Dritte hat die Note Zwei erhalten.
C Knapp ein Drittel der Schüler hat die Note Drei erhalten.
D Rund 50% der Schüler hat die Note Drei erhalten.
E Jeder vierte Schüler hat die Note Drei erhalten.
F Ein Drittel der Schüler hat die Note Zwei erhalten.
G Jeder zweite Schüler hat die Note Zwei erhalten.

Noten	EINS	ZWEI	DREI	VIER	FÜNF	SECHS
Schülerzahl	1	11	16	4	1	–

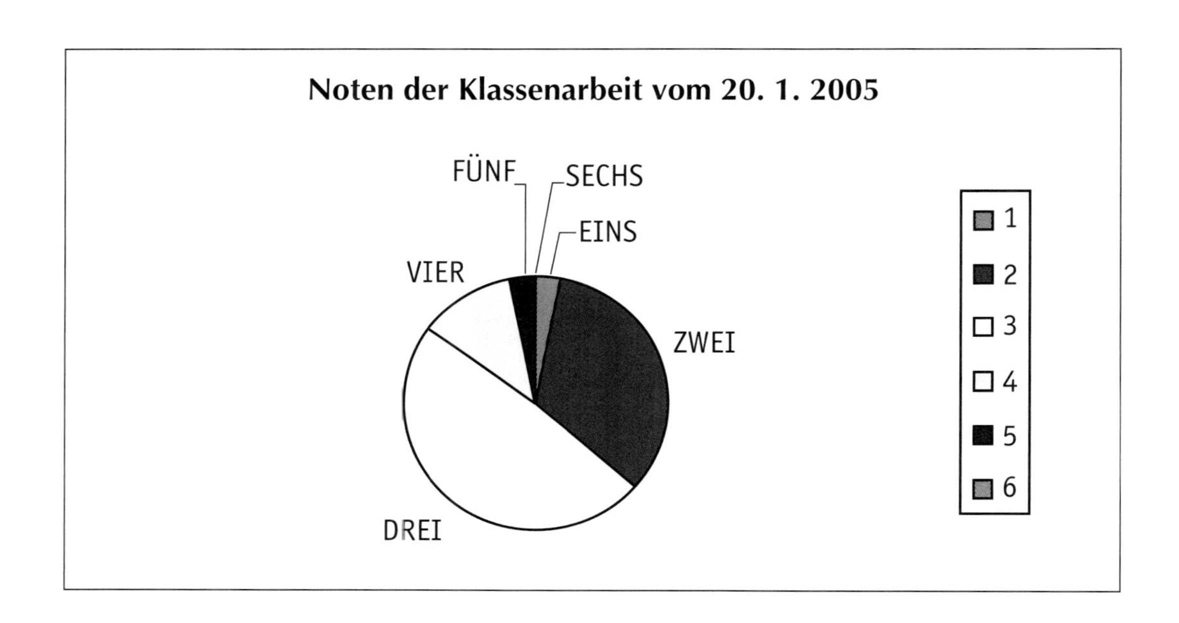

Welche Aussagen werden hier nicht beantwortet?

A Es werden drei Zeitspannen des Medienkonsums angeführt.
B Es handelt sich um Befragte zwischen fünf und zehn Jahren.
C Es handelt sich um Bücher, auditive und audiovisuelle Medien.
D Die Säulen geben rasch einen Überblick über die Zahlen der Befragten.
E Erscheinungsjahr und -ort sowie die Quelle der Statistik sind angemerkt.
F Die Säulen geben den Prozentsatz der Befragten wieder, was auf der Achse verzeichnet ist.
G Es ist klar erkennbar, welchen Anteil Jungen und Mädchen ausmachen.

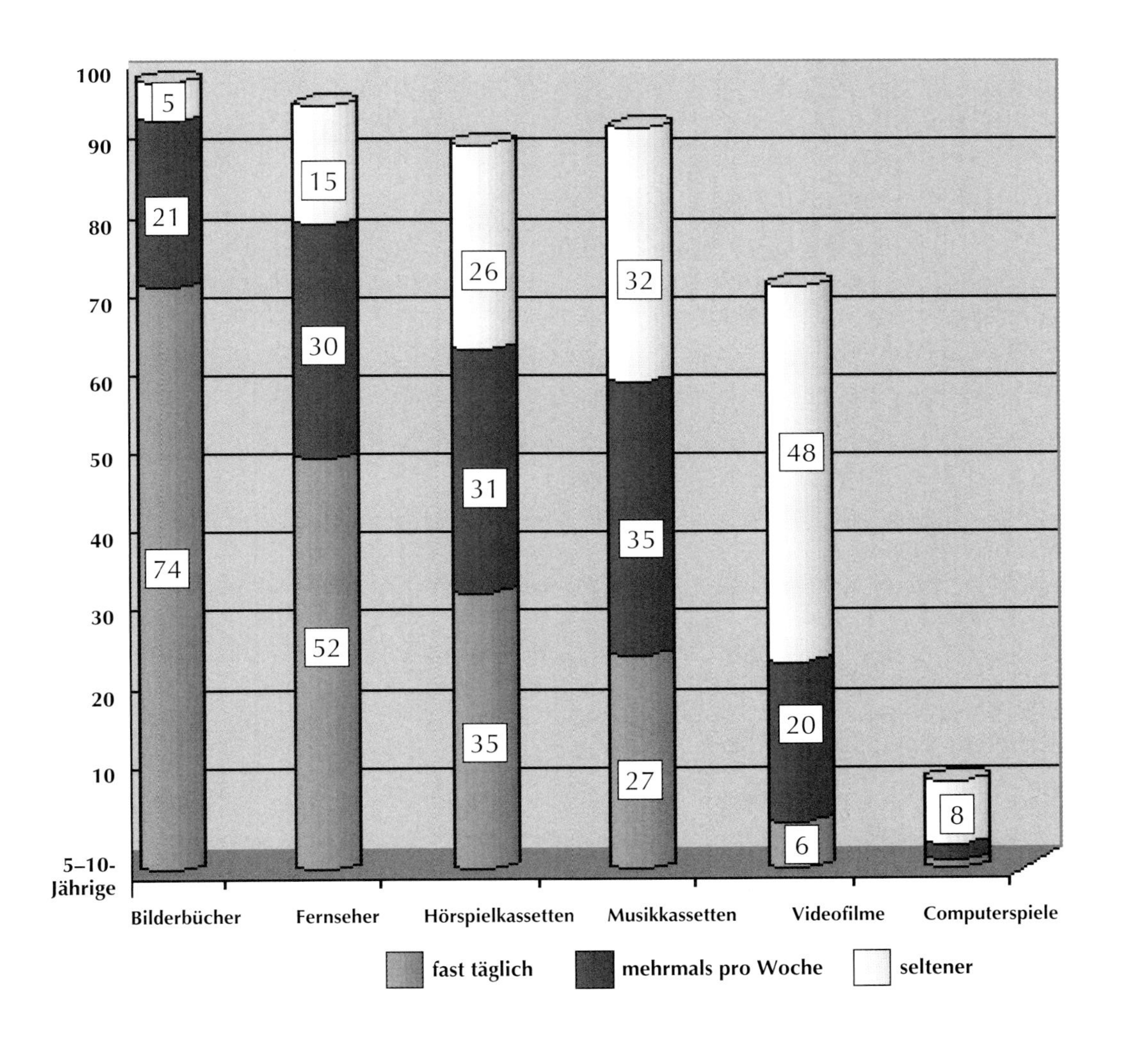

*Die drei vorliegenden Diagramme spiegeln alle die Hauttemperatur eines Rauchers wider.
Allerdings hat man das Gefühl, dass die Kurven ganz unterschiedliche Werte angeben.
Was wurde jeweils geändert, um diese Unterschiede zu erzielen?
Schreibe deine Erklärung neben das jeweilige Diagramm.
Welche Kurve würde die Tabakindustrie auswählen, welche die Gesundheitsbehörde?*

Hauttemperatur bei Rauchern

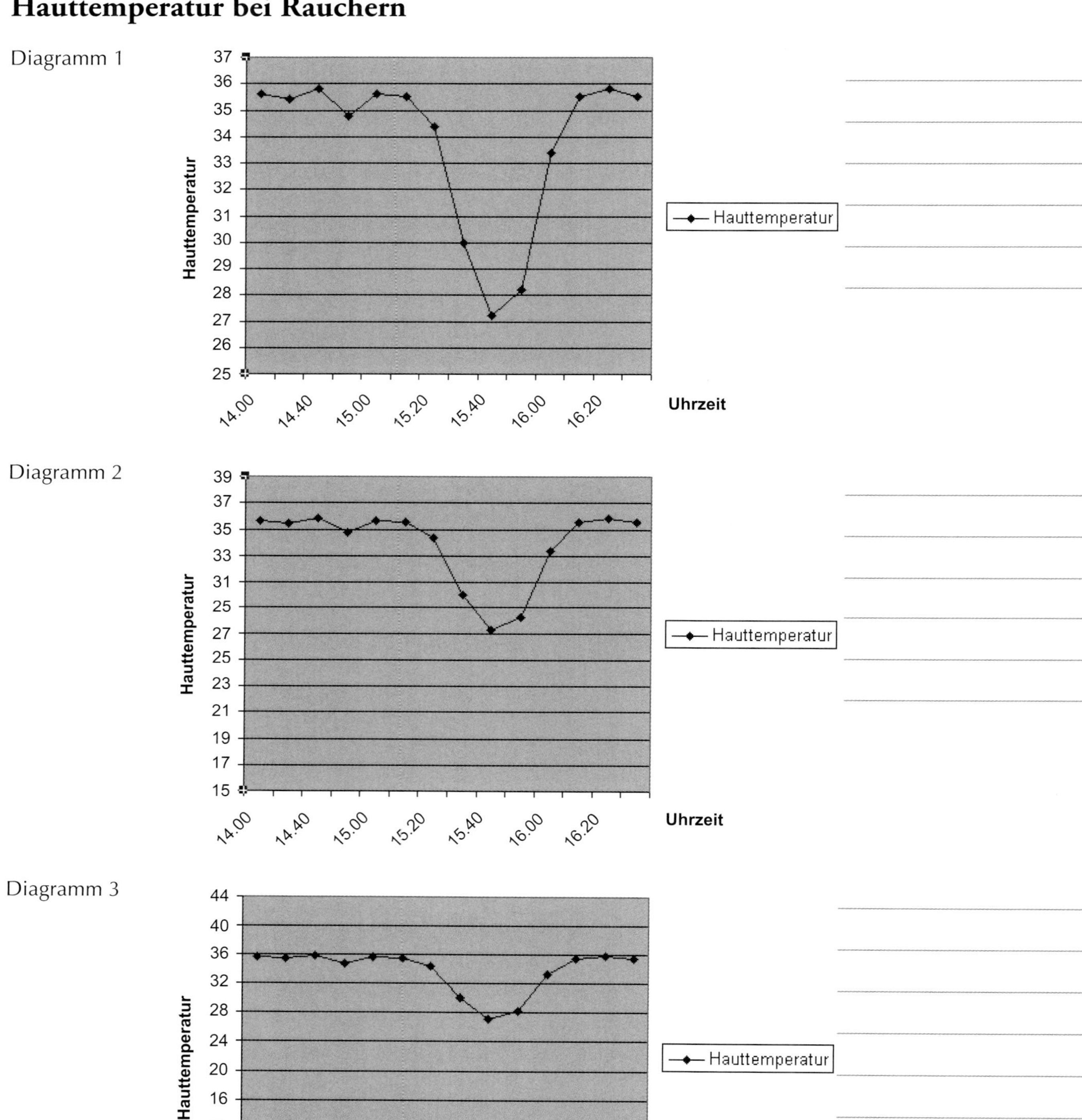

Kreuze die richtige(n) Antwort(en) an.

A Besonders übersichtlich für die Angabe von Anteilen sind Torten- bzw. Kuchendiagramme.

B Diagramm 3 eignet sich für Darstellungen, weil man die Mitgliederzahl sofort an der Kurve ablesen kann.

C Diagramm 1 eignet sich nicht, da es den Betrachter an eine Torte erinnert.

D Diagramm 2 wäre dann sinnvoll, wenn die Orte auf einer Landkarte tatsächlich so angesiedelt wären (Himmelsrichtungen).

E In Diagramm 1 lässt sich die Zusammensetzung der Mitglieder am schnellsten erfassen.

F Die Mitgliederzahlen der Ortschaften sind in Diagramm 1 und 2 angegeben.

Zusammensetzung der Mitglieder eines Besenflugclubs in Höhenflug

Diagramm 1

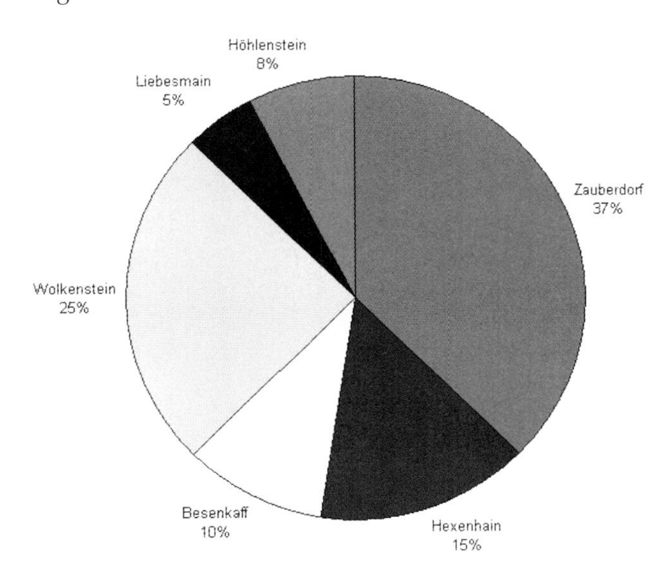

Diagramm 2

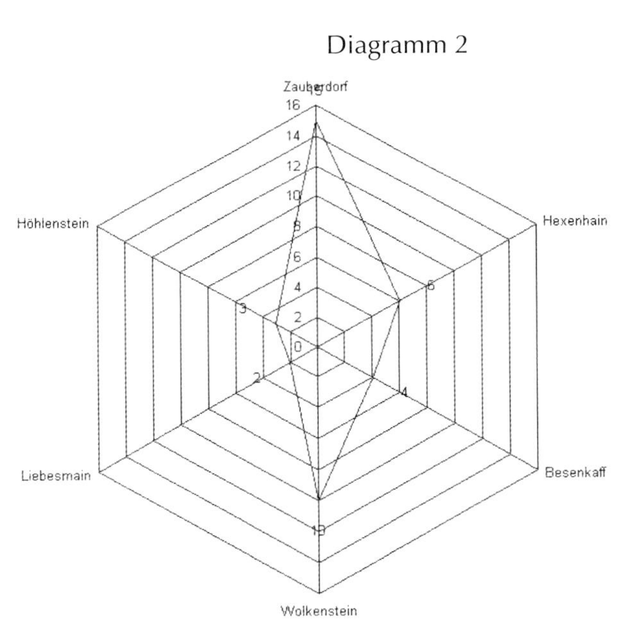

Diagramm 3

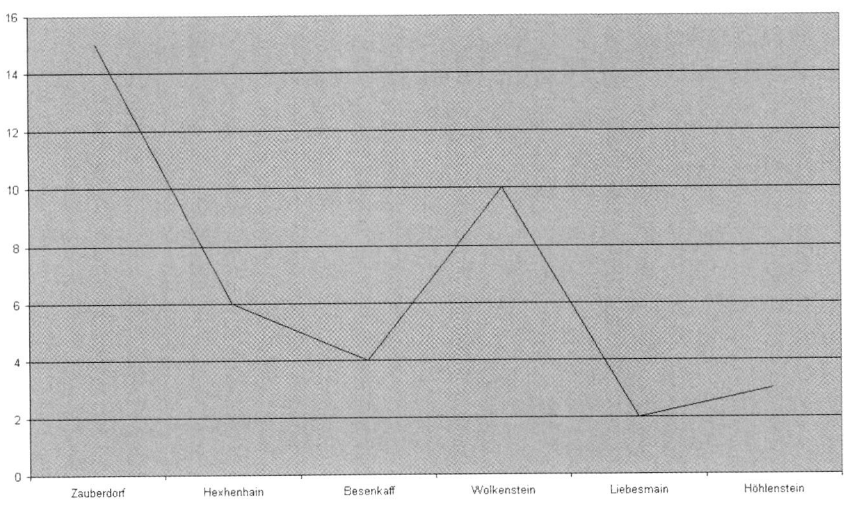

Werte das Säulendiagramm aus. Welche Aussagen sind richtig?

1. Die meiste Zeit zum Lernen wenden auf ...
A die 18–25-Jährigen.
B die 10–18-Jährigen.
C die 10–18-Jährigen Mädchen und Frauen.

2. Mädchen und Frauen ...
A sind auch als Senior/innen ab 65 Jahren strebsamer als Senioren.
B werden vom Zeitaufwand mit 25–45 Jahren von den Männern überholt.
C lernen insgesamt ein Leben lang mehr als Jungen und Männer.

3. Den größten Aufwand für die Bildung erbringt der Mensch ...
A wenn er im Alter viel Freizeit hat.
B wenn er mit Schule und Ausbildung beschäftigt ist.
C wenn er ins Berufsleben eintritt und Praxiserfahrung sammeln muss.

4. Die Werte der Statistik ...
A betreffen alle Menschen zwischen 1 und 100.
B stammen aus dem Jahr 2001/2002.
C stellen das Jahr 2003 dar.

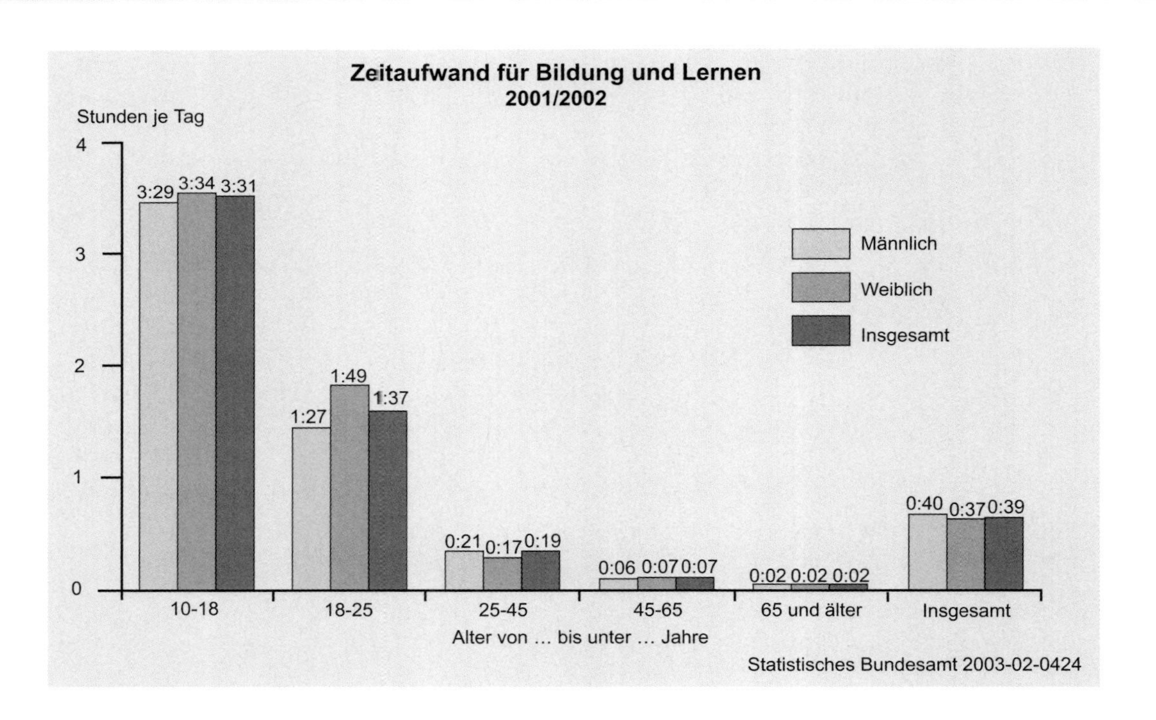

Zusatzfrage:
Was meint ihr, wie diese Zahlen zustande kommen?
Sind in den Zeitangaben Unterrichtsstunden enthalten?
Wurden alle Tage der Woche berücksichtigt oder nur Montag bis Freitag?

Mache eine Umfrage in deiner Klasse. Halte fest, wie viele Stunden deine Mitschüler/innen nach eigener Einschätzung pro Tag lernen. Mache zwei Spalten:

Junge	Mädchen	Montag – Freitag	Samstag und Sonntag

Fertige anschließend mit Hilfe von Excel ein passendes Diagramm an. Welche Art eignet sich besonders? (Probiere es aus!)

- ❑ Kreisdiagramm
- ❑ Säulendiagramm
- ❑ Balkendiagramm
- ❑ Liniendiagramm
- ❑ Netzdiagramm
- ❑ Zylinderdiagramm

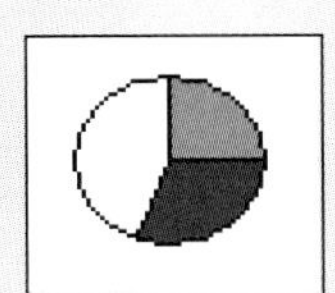
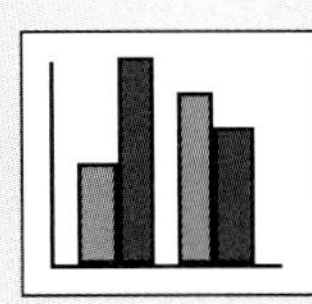
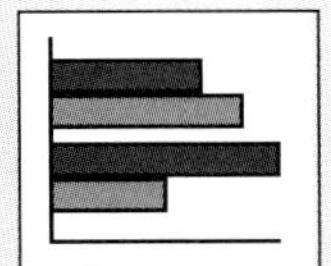
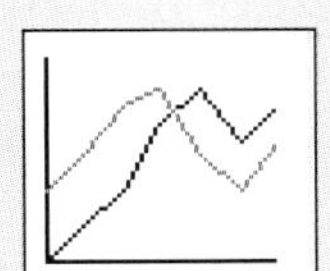
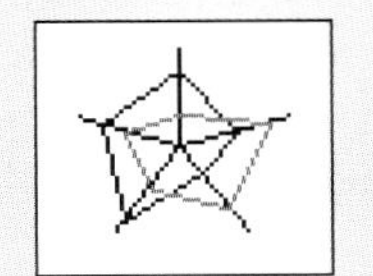
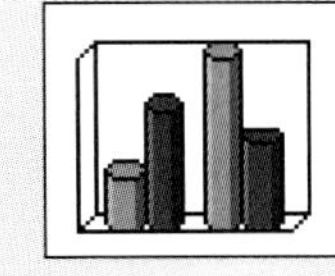

Werte die Diagramme aus. Zur Vorarbeit der Beantwortung der Fragen kannst du Pfeile zu den Diagrammen ziehen.

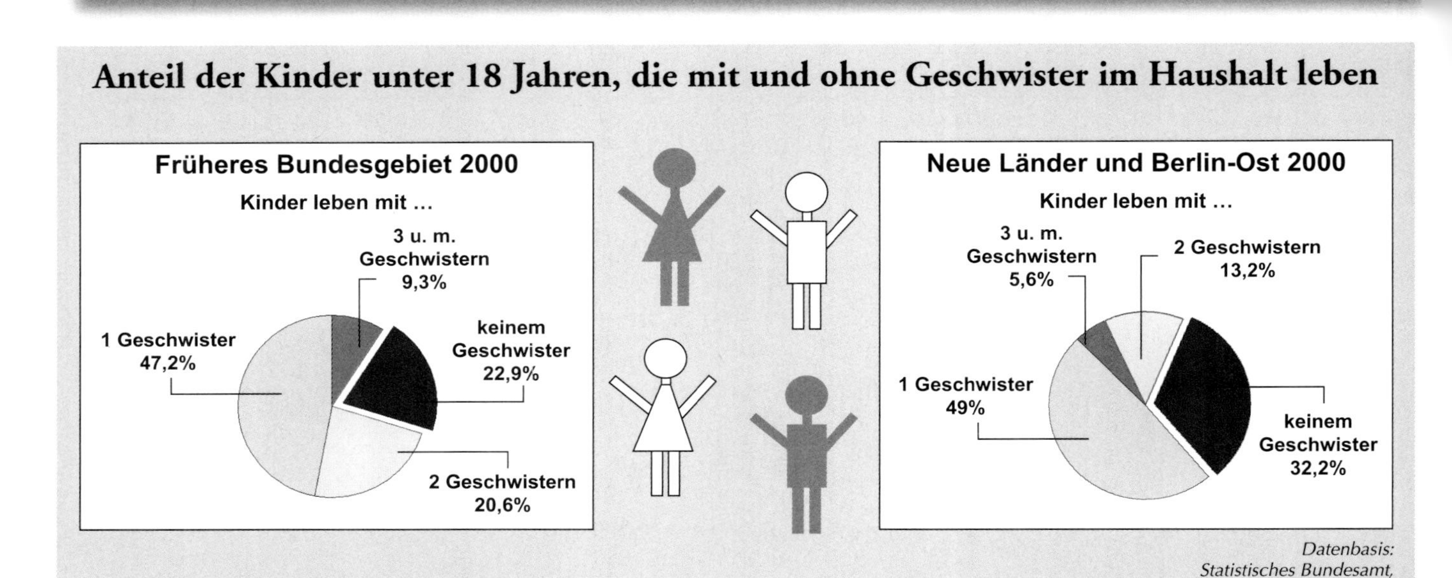

1. Was ist das Thema des Kreissegmentdiagramms?

____

2. Für welche Gebiete gilt die Erhebung?

____

3. Wie ist der Sachverhalt gemessen worden (absolute Zahlen oder Prozente)?

____

4. Für welchen Zeitraum ist die Untersuchung angesetzt?

____

5. Wer hat die **Daten** zusammengestellt?

____

ORGANIGRAMME, DIAGRAMME, SCHAUBILDER LESEN UND VERSTEHEN

Ergänze folgenden Text zum Kreissegmentdiagramm zum Anteil der Kinder in Familien. Bei zusätzlichen Angaben wähle eine der Optionen aus.

Betrachtet man die beiden Diagramme, stellt man fest, dass in Gesamtdeutschland knapp die Hälfte der Kinder mit ______________ (Anzahl der Geschwister) lebt. Während in den Neuen Ländern _____ % zwei Geschwister hatten, so sind es im Früheren Bundesgebiet ______ %, also fast ______________ (die Hälfte / das Doppelte / ein Drittel). Das Modell der Großfamilie ab ______________ (Anzahl der Kinder) ist nicht sehr verbreitet. Fast ______________ (die Hälfte / ein Drittel / ein Fünftel / ein Viertel) der Kinder lebt ______________ Geschwister im Früheren Bundesgebiet; in den Neueren Ländern und Berlin-Ost ist es sogar______________ (die Hälfte / ein Drittel / ein Fünftel / ein Viertel).

Vergleicht man Ost- und Westdeutschland, ist eines klar erkennbar: Die Westdeutschen haben insgesamt ______ % Kinder, die nicht alleine aufwachsen müssen. In Ostdeutschland dagegen sind es nur ______ %.

Zusatzfrage: *Woran könnte es liegen, dass in den Neuen Ländern und Berlin-Ost weniger Kinder in einem Haushalt leben?*

Lösungen Organigramme, diverse Diagramme, Schaubilder (Seite 101)

Das Auswerten und Deuten von Grafiken und Organigrammen in jeder Form ist in vielen Unterrichtsfächern wie zum Beispiel Erdkunde, Gesellschaftskunde oder Deutsch gefordert.
In **überschaubarer** Form werden hier **Informationen** dargestellt, die in beschreibenden Texten nicht immer klar und logisch dargestellt werden können.
Besonders **vergleichende** Fakten und **Zahlen** sind in Sätzen häufig nur schwer nachvollziehbar, weil sie unübersichtlich bleiben.
Du solltest also in der Lage sein, in Schaubildern dargelegte Zahlen, Verhältnisse, Beziehungen und Zustände in ihrer **Bedeutung** zu begreifen und auszulegen.
Die **Ergebnisse** müssen angemessen formuliert werden.
Wichtig sind **Angaben** wie THEMA, ZEITRAUM, GEGEND, HERKUNFT DER ZAHLEN, BESONDERE WERTE zu berücksichtigen und zu beschreiben.

Es bleibt anzumerken, dass statistische Erhebungen natürlich immer mit gebotener **Vorsicht** zu betrachten sind. So musst du einerseits auf die Quelle und Gültigkeit (z. B. Anzahl der Angaben) einer Erhebung achten, andererseits aber auch auf mögliche Verzerrungen von Informationen.

Klassenarbeit (Seite 102)

Richtige Antworten sind:
A B D F

Säulendiagramm zu Medienkonsum (Seite 103)

Nicht beantwortet werden:
B E F G

Hauttemperatur bei Rauchern (Seite 104)

Die anschaulichste Lösung stellt Diagramm 2 dar. Veränderungen der Achsen führen zu unterschiedlichen Linien. Sind die Angaben unverhältnismäßig, wird der Wert entweder
– übersteigert dargestellt und ohne Verhältnis zum Durchschnittswert oder
– nivelliert dargestellt, so dass man kaum eine Veränderung in der Kurve feststellen kann.
Wichtig ist die richtige Relation der Werte zueinander. Die Tabakindustrie hat Interesse daran, dass kaum Temperaturschwankungen wahrzunehmen sind. Das Gesundheitsamt hingegen wird den Einfluss des Nikotins auf die Körpertemperatur sehr wohl deutlich hervorheben wollen.

Mitglieder des Besenflugclubs (Seite 105)

Richtige Antworten:
A D E

Zeitaufwand für Bildung und Lernen (Säulendiagramm) (Seite 106/107)

Richtige Aussagen:
C B B A

Passende Diagrammform:
Säulendiagramm
Balkendiagramm

Kinder leben mit ... Anzahl der Geschwister im früheren Bundesgebiet und den Neuen Ländern (Seite 108/109)

1. **Was ist das Thema** des Kreissegmentdiagramms?
   Anteil der Kinder unter 18 Jahren, die mit und ohne Geschwister im Haushalt leben
2. **Für welche Gebiete** gilt die Erhebung?
   Früheres Bundesgebiet / Neue Länder und Berlin-Ost
3. **Wie ist der Sachverhalt** gemessen worden (absolute Zahlen oder Prozente)?
   In Prozenten, wie z. B.: 1 Geschwister 49%.
4. **Für welchen Zeitraum** ist die Untersuchung angesetzt?
   Für das Jahr 2000.
5. **Wer** hat die **Daten** zusammengestellt?
   Statistisches Bundesamt, Mikrozensus

Betrachtet man die beiden Diagramme, stellt man fest, dass in Gesamtdeutschland knapp die Hälfte der Kinder mit **einem Geschwisterkind** lebt. Während in den Neuen Ländern 13,2% zwei Geschwister hatten, so sind es im Früheren Bundesgebiet **20,6%,** also fast **das Doppelte**. Das Modell der Großfamilie ab **vier Kindern** ist nicht sehr verbreitet. Fast **ein Viertel** der Kinder lebt **ohne** Geschwister im Früheren Bundesgebiet; in den Neueren Ländern und Berlin-Ost ist es sogar **ein Drittel.**
Vergleicht man Ost- und Westdeutschland, ist eines klar erkennbar: Die Westdeutschen haben insgesamt **77,1%** Kinder, die nicht alleine aufwachsen müssen. In Ostdeutschland dagegen sind es nur **67,8%.**

Zusatzfrage:
Woran könnte es liegen, dass in den Neuen Ländern und Berlin-Ost weniger Kinder in einem Haushalt leben?

im Osten: Angst vor Arbeitslosigkeit, zu wenig Geld, unsichere Zukunft
Ungleichheit zwischen Ost und West seit Mauerfall (1989)
veränderte gesellschaftliche Verhältnisse wie geringere Versorgung der Kinder am Tag (Kita)

im Westen: zahlreiche Einwanderer, die Großfamilien haben
geringere Arbeitslosigkeit
Vertrauen in die Unterstützung durch den Staat

DIAGRAMME AUSWÄHLEN

1. *Schau dir die vorgegebenen Untersuchungen und Statistiken an und verbinde sie mit demjenigen Diagrammnamen, der sich am besten für die Darstellung eignet.*
Achte darauf
– was dargestellt ist,
– was gegenübergestellt wird,
– wie Veränderungen ablaufen:
stetig, wechselhaft, auf- und abwärts, mit Anfangs- und Endpunkten, ...
Diskutiert eure Ergebnisse und erörtert die sich bietenden Möglichkeiten.

2. *Suche dir anschließend ein Thema aus (z. B. Computer- und TV-Besitz und -konsum) und mache innerhalb einer Jahrgangsstufe eine Umfrage, deren Ergebnisse du anschließend in einem Diagramm anschaulich machst. Nutze dafür Excel.*

Sitzverteilung im Bundestag

Mitgliederzahlen einer Vereins

Temperaturmessungen in den Alpen

Schulabschlüsse 2005

Säulen- bzw. Balkendiagramm

Drogenkonsum bei Jungen und Mädchen nach Altersstufen

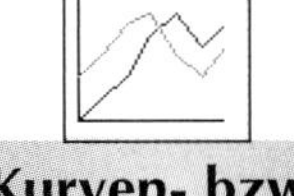

Kurven- bzw. Liniendiagramm

DAX

Medienkonsum 2000–2005 junger Erwachsener (3 Altersstufen)

Zinsverlauf 2005

Pyramide

Kreisdiagramm

Bevölkerungsstruktur 2005 Anteil von Männern / Frauen

Wasserverbrauch pro Kopf und Jahr in Litern

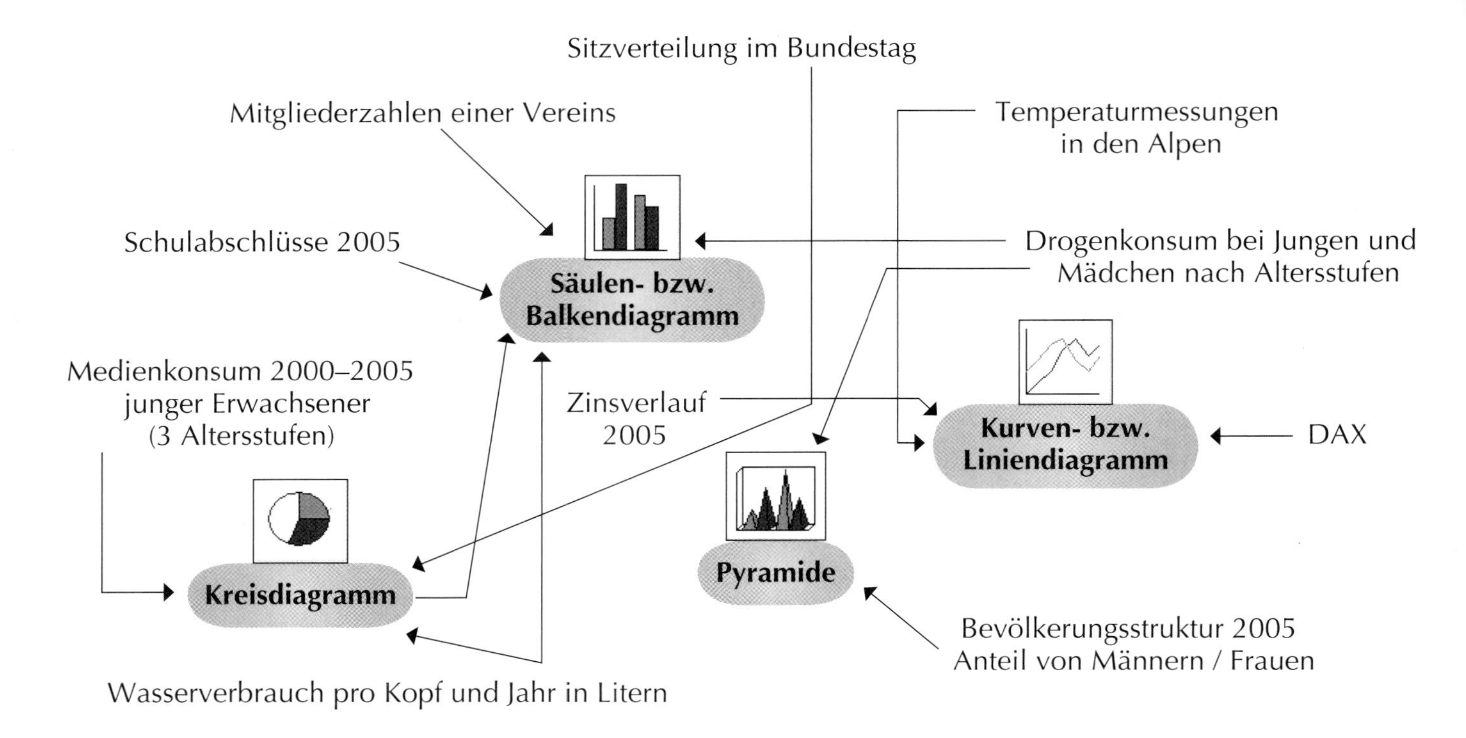
Sitzverteilung im Bundestag
Mitgliederzahlen einer Vereins
Temperaturmessungen in den Alpen
Schulabschlüsse 2005
Drogenkonsum bei Jungen und Mädchen nach Altersstufen
Säulen- bzw. Balkendiagramm
Medienkonsum 2000–2005 junger Erwachsener (3 Altersstufen)
Zinsverlauf 2005
Kurven- bzw. Liniendiagramm
DAX
Pyramide
Kreisdiagramm
Bevölkerungsstruktur 2005 Anteil von Männern / Frauen
Wasserverbrauch pro Kopf und Jahr in Litern